Andrea Strauß

Teufels Küche

und andere Reiseziele

Erzählungen

Impressum
Bibliografische Information der Deutschen Nationalbibliothek:
Die Deutsche Nationalbibliothek verzeichnet diese Publikation
in der Deutschen Nationalbibliografie; detaillierte
bibliografische Daten sind im Internet über http://dnb.dnb.de
abrufbar.

1. Auflage 2020
© 2020 Andrea Strauß
Lektorat: Andreas Strauß
Umschlagbild und -gestaltung: Andreas Strauß
Herstellung und Verlag: BoD – Books on Demand, Norderstedt
ISBN: 9783752672480

Für Else und für Mama

Singh heißt Löwe	9
Reifentreiben	15
Der Topf	22
Frage des Standpunkts	27
Zeit lassen!	30
Nacht der Nächte	34
Dieb in Arusha	38
Nachbars Garten	46
Teufels Küche	50
Holy shit	56
Lieber Lausbub	61
Pinkelpause	68
Indische Hochzeit	74
Der letzte Bus	85
Nordisch extrovertiert	92
Verlosung für den Arsch	97
Schwarzes Meer	100
Eselscheiße	103
Beste Freunde	111
Doppelzimmer mit Beistellbett	117
Hausaufgaben verteilen	119

Deutschland neben England	128
Gamsbleaml	133
Im Zipfelmützentakt	138
Katzenschreck	145
Souverän	151
Türöffner	154
Valentinstag	161
Hausschuhe	179
Transitbereich	186
Nach dem letzten Takt	189
Der Prophet im eigenen Haus	201
IQ-Wunder	205
IQ-Wunder II	210
Adelstitel	215
Morgenfurz	218
Dein Bild	225
Sackgasse	233

Singh heißt Löwe

„Singh heißt Löwe", erklärte mir mein Gastgeber noch am Flughafen. „Das ist ein Ehrentitel für Krieger." Er straffte die Schultern und machte ein strenges Gesicht. Seine Lippen zogen sich zu einer schmalen Linie zusammen, die Nasenflügel wurden dünn und windschnittig, die Augenbrauen näherten sich an. Für einen Moment war er Singh, Löwe, Krieger, bereit auf eines der dürren Rajasthanpferde zu springen und zum Angriff zu reiten.

Mit einer wegwerfenden Handbewegung sagte er dann: „Jeder ist Singh in Indien." Im Laufe der Tage und Wochen, in denen ich Gast im Hause des Löwen war, würde ich die Strenge des Hausherrn kennen lernen, aber auch die feine Selbstironie, mit der er ein ums andere Mal den Eindruck wieder zerstören würde, denn im Grunde stand er Gandhi näher als der Kriegerkaste seiner Vorfahren.

Während der Fahrt vom Flughafen durch das noch nächtliche Delhi stürmten so viele exotische Eindrücke auf mich ein, dass der Respekt vor dem Gastgeber in den Hintergrund trat: das gespenstisch orangefarbene Licht der Straßenbeleuchtung, die in Müllfässern brennenden Feuer, an denen sich Gestalten in Lumpen wärmten, die niedrigen Holzliegen, auf denen Männer und Kinder direkt am

Straßenrand schliefen, Rudel von räudigen Straßenhunden, ein zaundürrer Gemüsehändler, der mit einem Karren mit Holzrädern den Schlaglöchern im Asphalt auswich.

Noch immer war es dunkel, als wir in eine Seitenstraße einbogen, das Auto ausrollte und mein Gastgeber es als einziges Fahrzeug scheinbar auf der Überholspur neben einem kleinen Park abstellte. Ein cremefarbener Ambassador, heute ein Oldtimer, aber auch in den 1980er Jahren bereits ein Zeichen für den gediegenen Wohlstand eines Familienoberhaupts, für das die PS-Zahl keine Rolle spielt. Alle sechs Insassen stiegen wir aus.

Die Seiten das Parks waren von einstöckigen Häusern gesäumt. Unter Arkaden waren im Erdgeschoss kleine Läden untergebracht. Noch waren sie mit eisernen Rollläden verschlossen. Vereinzelt lagen Lumpenhaufen im Schutz der Arkaden. Unbeeindruckt steuerte meine Gastgeberin durch die hier auf dem Pflaster Schlafenden. Sie hatte den Haustürschlüssel schon in der Hand, ging unserer kleinen Prozession voraus. Ein schmaler unbeleuchteter Treppenaufgang führte hinauf zur Wohnungstür im ersten Stock.

Hinter einem zweifachen Schloss und einer von der Monsunfeuchtigkeit so verzogenen Holztür, dass an manchen Tagen doppeltes Körpergewicht und Finesse nötig waren, um eintreten zu können, lag ein Paradies.

Der Innenhof, in dem man sich befand, hätte mit dem blanken Betonfußboden, der Treppe hinauf aufs Flachdach und den von Stockflecken gesäumten Wänden schäbig wirken können, aber die Hand der Hausfrau hatte ihn in einen geheimnisvollen Privatgarten verwandelt mit zig großen Blumentöpfen und einer Tafel unter freiem Himmel. Dass ein Holztisch und Polsterstühle in einer Stadt mit Monsunregen unpraktisch sein könnten, schien sie nicht zu stören. Am Tag meiner Ankunft, dem 15. Juni, lag Delhi zwar in diesem Jahr noch unter einer Smogdecke, aber auch später, als kaum mehr ein Tag ohne heftige Regenfälle verging, blieb die Tafel im Innenhof. Immer richtete der Monsun sich nach Frau Tomar und ihren Essenszeiten. Der Herr des Hauses mochte ein Löwe sein, aber seiner Ehefrau konnte auch das Wetter keinen Wunsch abschlagen.

Zur einen Seite des Innenhofs lag ein überdachter, aber offener Bereich, in dem der große Kühlschrank ratterte und vor Anstrengung zitterte. Bewacht von Abziehbildern mit den Hindugottheiten Ganesh, Vishnu und Shiwa, aber auch mit einer Mutter Gottes im hellblauen Mantel kühlten hier Wasserflaschen und türmten sich Blechschüsseln in allen Größen mit den Curryresten des Vortags, mit scharfen Pickles, eingelegten roten Zwiebeln, angesetztem Joghurt, mit Gemüse und Obst.

Toilette, Dusche und Küche hatten ebenfalls Betonfußboden, winzige, vergitterte Fenster knapp unter der Decke und waren beängstigend klein, die

Dusche mit rund drei Quadratmetern noch am größten. Hatte man sich an die Schummrigkeit dieser Räume erst einmal gewöhnt, stellte man fest, dass sie so sauber waren wie eine Hotelküche, die das Gesundheitsamt erwartete.

Waren Küche, Dusche und Toilette der Notwendigkeit des Lebens geschuldet, so trug der Innenhof die Handschrift der Hausfrau. Auf der anderen Seite des Hofs führte eine knarzende Flügeltüre ins Wohnzimmer. Hier betrat der Gast den Repräsentationsraum. Gewohnt wurde hier nicht, hier wurde ein Statement abgegeben.

Auf dem dunkelrot gestrichenen Boden lag ein raumgroßer Teppich. An drei Wänden standen niedrige Hocker mit Flechtbezug und hohen Rückenlehnen sowie ein dunkles Holzsofa mit kunstvoller Schnitzerei. Zwischen Zweier- und Dreiergrüppchen der Sitzgelegenheiten standen dunkle Holztische. Es wirkte wie das Gestühl in einem Refektorium. Über den Köpfen der imaginären Besucher hing ein Wandgemälde aus Stoff. Es umspannte alle vier Seiten des Raums. „Einer meiner Brüder ist Künstler", erklärte Frau Tomar bei einem der seltenen Aufenthalte im Wohnzimmer.

„Er lebt in Kalkutta. Da leben alle Künstler. Wer Künstler ist, muss nach Kalkutta", fügte der Hausherr schmunzelnd hinzu. Einen Augenblick ließ er die Ironie seiner Feststellung stehen. Dann stellte er klar: „Aber ihr Bruder ist gut. Er kann sogar davon leben. Leute kaufen seine Bilder. Wenn er nicht ihr Bruder wäre, könnten wir uns so etwas nicht ins Wohnzimmer hängen."

Auf dem Gemälde schritten traditionell gekleidete Rajputen wie in einem Festzug durch den Raum. Die Figuren blieben zweidimensional, die Köpfe waren auf Augen, Nase, Mund und Turban reduziert. Doch ihre Gesichter hatten Würde und Strenge, ihre Bewegungen Dynamik, sie strahlten Kraft aus. Hier bewegten sich Löwen durch den Raum: „Jeder ist Singh in Indien."

Die lebensfrohe Musik, die der Künstler gehört haben muss, als er die Figuren schuf, war auch für mich zu hören. Dass man von diesen Bildern leben konnte, war keine Frage.

Die vierte Seite des Raums, das Herz der Wohnung, war dem Familienaltar vorbehalten. Ein etwas höheres Sideboard war mit einem schönen Tuch abgedeckt und darauf tanzte ein tausendarmiger Krishna aus Bronze. Alles im Raum schien auf ihn ausgerichtet: die Hocker, die schreitenden Krieger des Gemäldes, alles. Am Boden zu seiner Rechten stand als einziger Altarschmuck eine Vase mit roten Gladiolen.

Zwei kleine Räume schlossen ans Wohnzimmer an. Dort standen die Betten, dort waren die Schränke, dort brummten die Klimaanlagen, dort wurden

Bücher gelesen, Saris aufgebügelt, diskutiert, gelacht, gelebt.

Ich hatte den ersten Monsunregen gefeiert, mich an die Schärfe der indischen Küche gewöhnt und den Lebensrhythmus kennen gelernt. Ich glaubte eine erste Ahnung davon zu haben, wie viel Löwe in der Kriegerfamilie steckte, deren Gast ich war, als an einem Sonntagvormittag Frau Tomar auf die Uhr schaute und mich musterte. „Interessierst du dich für Religion und Literatur? Es gibt ein indisches Nationalepos, das Ramayana. Alle unsere Götter sind dort verwurzelt. Jedes Kind kennt die Geschichten aus dem Ramayana. Das ist wie Bibel und eure Brüder Grimm in einem."

Natürlich hatte ich Interesse. „Komm. Es hat um zehn angefangen. Du musst dich von der Form lösen, auf den Inhalt kommt es an."

Im Windschatten ihres Saris wurde ich ins Wohnzimmer gezogen. „Am besten setzt du dich auf den Teppich", empfahl sie mir und wies mir mit der Hand den Platz vor dem vermeintlichen Familienaltar. Mit einem resoluten Griff fasste sie den bronzenen Krishna um die Hüfte, zog das Tuch vom Sideboard und schaltete den Fernseher ein. Der Zeichentrickfilm des Ramayana hatte gerade begonnen.

Reifentreiben

Als langes Asphaltband zieht sich die Straße von Marrakesch nach Casablanca durch die Wüste. 240 Kilometer – von Ben Guerir und Settat abgesehen – ohne nennenswerte Ortschaften. Mal unterbricht ein staubiger Strauch die Einöde, mal eine primitive Baracke. Bis zum Bau des Marrakesh Expressways sollte es noch zwei Jahrzehnte dauern.

Am Samstagmorgen kurz nach sechs Uhr ist kaum etwas los. Unser kleiner Fiat Uno ist auf weiten Strecken das einzige Fahrzeug. Zügig, aber ohne zu rasen, fahren wir nach Norden, dem Ende des Osterurlaubs entgegen. Heute Abend schon würden wir zuhause sein und am Montag wieder arbeiten.

Doch die knapp zwei Wochen im Hohen Atlas und im marokkanischen Teil der Sahara hatten sich mit ihren vielfältigen Eindrücken gelohnt. Die Gelassenheit der Einheimischen, ihr Organisationstalent, das auch für scheinbar unlösbare Probleme immer wieder eine gute Lösung fand, die quirligen Städte, die Farben der Oasen, die schwarzen Felstürme im Hohen Atlas, der perfekte Firn, den wir dort auf unseren Skitouren vorgefunden hatten, und die wilden Rinnen und Kare, in denen wir teils voller Abenteuergeist unterwegs gewesen waren, weil es gutes Kartenmaterial nicht gab, die bitterkalten

Zeltnächte auf 3000 Meter und die stechend heiße Nachmittagssonne nach Rückkehr von unseren Firnabfahrten und Gipfelbesteigungen und schließlich noch die Weite der Wüste, von der wir ja nur den Bruchteil eines Randgebiets gesehen hatten – doch, Ostern in Marokko war herrlich gewesen. Auch der letzte Abend in Marrakesch am Jemna el Fna, dem belebten Hauptplatz mit seinen Gauklern und den traditionellen Wasserträgern, mit den vielen Essensständen, den exotischen Düften und dem blutroten Sonnenuntergang als Abschiedsspektakel war die richtige Entscheidung gewesen. Dass wir früh aufstehen müssten für die Fahrt nach Casablanca, die Rückgabe des Fiats, fürs Einchecken unserer Ski und unserer Rucksäcke, das wollten wir dafür gern in Kauf nehmen.

140 Kilometer vor Casablanca benimmt sich der Fiat plötzlich wie ein störrisches Pferd. Er ruckelt und bockt, lässt sich kaum mehr lenken und beginnt nach rechts Richtung Straßengraben zu ziehen. Der erste Verdacht bestätigt sich beim Aussteigen: Das rechte Vorderrad ist platt. Rasch stapeln wir Skisack und Rucksäcke, Skischuhe und Taschen am Straßenrand, packen Ersatzrad und Wagenheber aus und machen uns daran, den Reifen zu wechseln. Die ersten Umdrehungen des Wagenhebers heben das Auto aber um keinen Millimeter. Stattdessen biegt sich das Werkzeug und sieht nun wie eine Chiquita aus.

Hatte ich nicht vor einem Kilometer erst eine Tankstelle gesehen? Mit dem Wagenheber in der Hand renne ich zurück. Samstagmorgen im Niemandsland: Die Tankstelle ist geschlossen. Aber es tauchen drei Männer auf. Sie haben Zugang zur Garage. In dem halbdunklen Raum gibt es Hammer und Amboss. Sie nehmen mir den Wagenheber aus der Hand, - viel zu erklären ist ja nicht – und schlagen ihn so gerade wie möglich.

Mit dem reparierten Wagenheber jogge ich in meinen Sandalen zurück zum Auto. Andere Schuhe habe ich nicht mehr. Die löchrigen Turnschuhe sind am Morgen in Marrakesch geblieben und die Skischuhe werden aus Gewichtsgründen meine Flugbekleidung.

Jetzt schnell den Reifen wechseln, Gepäck einladen und zum Flughafen. Zeitreserve haben wir nun keine mehr. Doch zurück am Fiat muss ich sehen, dass unser Problem sich mit einem zurechtgebogenen Wagenheber nicht lösen lässt. War das Auto vorhin vorne rechts tiefer gelegt, so liegt es bei meiner Rückkehr auch hinten rechts tiefer. Zwei platte Reifen, ein Reserverad und noch 140 Kilometer bis Casablanca.

Hoffnungsschimmer ist ein Samstagmorgen-Passant, von dem Andi glaubt, er würde den Besitzer einer nahen Autowerkstatt herbeirufen. Diese ist in einem der nahen Schuppen am Straßenrand untergebracht. Tatsächlich ist es zunächst nur eine

Figur aus der Ferne, die langsam wieder größer wird und sich uns nähert. „Er kommt", verspricht der Helfer. Bis endlich auch der Werkstattbesitzer auftaucht, vergehen uns die Minuten wie zäher Brei. Hoffen und Bangen, Hoffen und Bangen. Und egal wie sehr wir uns vornehmen, nicht auf die Uhr zu sehen – fast jede Minute wandert der Blick doch zum Handgelenk.

Zügig, aber ohne Eile sperrt der Automechaniker seine Werkstatt auf. Sie befindet sich tatsächlich in einer unscheinbaren Baracke direkt gegenüber unserer Panne. Den Fiat lassen wir auf den Felgen über die Straße rollen und vor sein Werkstatttor. Mit seinem hydraulischen Wagenheber steht unser Auto bald auf drei „Beinen". Ein Schlauch soll unser Dilemma lösen. Doch wir wären nicht in Arabien, würde die Sache nicht vorher gestenreich diskutiert. Offensichtlich bezweifeln die beiden, dass uns mit der Reparatur der beiden Reifen geholfen wäre, da einer in zu schlechtem Zustand ist.

Bis einer der beiden Reifen geflickt ist, Reifen und Reserverad montiert sind, der nach wie vor kaputte Reifen und das Gepäck wieder eingeladen sind und der Fiat wieder fahrbereit ist, vergeht Zeit. Längst schwanken wir zwischen Bangen und Resignation. Wir sind eine gute Stunde hinter dem Zeitplan.

„Was kostet die Reparatur?", will ich wissen. Französisch ist für beide Seiten mehr ein Hindernis als eine Sprache. Es dauert, bis ich das „rien" wirklich glauben kann. Nichts! Eine Hilfe soll die Arbeit der beiden gewesen sein, keine Reparatur. Wir bitten sie trotzdem, ein großzügiges Trinkgeld zu nehmen. Um längeres Höflichkeits-Ping-Pong abzukürzen, sage ich gleich: „Nehmen Sie es für Ihre Kinder! Bitte."

Wieder auf der Straße, wieder auf vier Rädern schlägt der Bammel bald in Übermut um. „Wenn es jedes Mal so schnell geht, können wir uns nochmal eine Panne leisten", behaupte ich.

Noch immer über hundert Kilometer von Casablanca entfernt, jetzt in einem menschenleeren Abschnitt, ohne Tankstelle, ohne Werkstatt, ohne Spaziergänger, als der Fiat unvermittelt das Fahrgeräusch ändert. Ein lautes Brummen übertönt das Radio, dann beginnt das Auto zu bocken und nach rechts zu ziehen.

Wieder stehen wir am Straßenrand, haben den reparierten Wagenheber in der Hand und zweifeln, ob er einer Generalprobe stand hält. Aber warum sollten wir überhaupt aufbocken, wenn wir keinen Reifen haben, den wir als Ersatz montieren können?

Während wir noch immer ungläubig unsere Misere begutachten, kommt ein altes Mercedes-Taxi vorüber. Wir bitten ihn anzuhalten. Acht Männer in traditionellen Djellabas schälen sich aus dem Innenraum. „Zigaretten?" Wir müssen verneinen. Noch nie tat es mir so leid, Nichtraucher zu sein.

Mit wachem Blick überschaut der Taxifahrer die Situation. Er packt ungefragt seinen eigenen Wagenheber aus, lacht und sagt: „Made in Germany!"

Als der kaputte Reifen abmontiert ist, sieht er aber ebenso schnell, dass unser Ersatz ein großes Loch hat. Andi verdeutlicht die Brisanz, zeigt nach Norden, breitet die Arme zu Flügeln aus, startet akustisch die Triebwerke und deutet auf die Uhr. „Schnell, schnell", sagt der Taxifahrer in gebrochenem Deutsch und nickt. Dann nimmt er einen unserer beiden kaputten Reifen, packt ihn zu seinen Fahrgästen ins Taxi und rollt davon.

Das Motorengeräusch verklingt, das Taxi wird immer kleiner, verschwindet hinter einer Kuppe und wir sind allein. Stehen neben unserem dreibeinigen Fiat im Straßengraben. Zwischen Plastikfetzen und Gummiteilen. Und sind allein.

Jedes Fahrzeug, das vorüberkommt, mustern wir. Viele sind es noch immer nicht. Doch unser Taxi ist nicht dabei. Die Zeit rinnt dahin. Unendlich langsam und doch viel zu schnell. Dann braust ein Auto heran, hält am gegenüberliegenden Straßenrand, der Taxifahrer saust zum Kofferraum und noch bevor wir ihn selbst wieder zu Gesicht bekommen, hüpft uns mit mehreren meterhohen Sätzen ein prall gefüllter Autoreifen über die beiden Fahrbahnen entgegen.

Reifentreiben hieß das Spiel, das Kinder auf der ganzen Welt spielten und immer noch spielen: ein großer Ring oder Reifen wird geschickt in die richtige Richtung gelenkt. Man kann ihn laufen lassen, antreiben, Kurven fahren, kann ihm einfach hinterher laufen, kann auf seine Öffnung zielen oder man kann ihn übermütig hüpfen lassen. Unser Hinterreifen hüpft!

Im Handumdrehen ist er montiert. Die Rechnung, die uns unser rettender Engel von der Werkstatt mitbringt, ist auf Arabisch. Ein wenig brauchen wir, bis klar wird, dass Schlauch und Ventil nicht hundert Mark, sondern hundert Dirham kosten, also knapp 20 Mark. Für die Extrafahrt zu uns zurück weigert er sich, Geld zu nehmen. Sein Wunsch: Nehmt mich im Geist mit nach Hause.

Das tun wir. Gerade noch rechtzeitig, im gebuchten Flug.

Der Topf

Steiler und steiler wurde das Firnfeld. Rechts und links von abschüssigen Felswänden eingefasst, war der schneegefüllte Graben trotzdem die einfachste und ungefährlichste Aufstiegslinie. Noch vor Erreichen der steilsten Passage müssen wir aber einsehen, dass Umkehren sinnvoll ist. Zu spät hat es heute Nacht aufgehört zu regnen, zu hart ist der Schnee, zu mühsam und zu langsam verläuft der Anstieg über die steile Rinne, zu lang ist die noch vor uns liegende Tour.

Da hilft die gute Vorbereitung nichts und auch die Vorfreude auf eine Klettertour in einer der höchsten Felswände der Ostalpen.

Beleidigt wie ein abgewiesener Liebhaber verbringen wir die Tage bis zum nächsten Wochenende. Erst am Freitagnachmittag kommt die Rede auf die abgebrochene Tour der Vorwoche. Schnell sind die Kletterrucksäcke wieder gepackt, Schlafsäcke im Auto verstaut und eine Kiste mit Kochutensilien und Essen ist ins Auto geladen. Im Vergleich zur akribischen Planung des letzten Mals verlaufen die Vorbereitungen dieses Mal zügig und mit einer gewissen Leichtigkeit. Lediglich die Entscheidung über Tee oder heiße Schokolade als Frühstücksgetränk wird zu einer Grundsatzfrage: viel Flüssigkeit oder Kalorienbombe?

Die Nacht vor der Kletterei verbringen wir im Kofferraum unseres Passats bereits am Ausgangspunkt. Kein Regen plätschert dieses Mal aufs Autodach, stattdessen glitzern noch vereinzelte Sterne am Himmel, auch wenn die große Südwand des Birnhorns einen guten Teil des Firmaments verdeckt.

Das Wetter verspricht gut zu werden. Noch ist es eisig kalt, zu kalt für Anfang Juni. Schnell einen großen Topf Tee kochen, dann möchten wir los, können es kaum erwarten! Mit einem Fauchen meldet sich der Kocher zu Wort. Teebeutel, Wasser – aber wo ist der Topf?

Beide Töpfe müssen noch zuhause im Keller stehen. Die Campingtassen sind aus Plastik und wenn wir nicht den Suppenlöffel über die Flamme halten wollen, gibt es keine Möglichkeit für Teewasser oder heiße Milch. Jetzt am Morgen ersetzt die Euphorie die fehlenden Töpfe, aber am Abend, wenn alle Energiespeicher leer sind nach der langen Tour, werden die Töpfe abgehen. Sollen wir die Tortellini im kalten Wasser einweichen? Oder den Abend mit der Suche nach einem noch offenen Gasthaus verbringen? Oder heimfahren?

Ein letztes Mal suche ich in allen Taschen und Kisten nach den Töpfen, dann machen wir uns auf den Weg.

Eine Wunschtour schon vor dem ersten Schritt scheitern zu lassen, weil man nicht weiß, was es am Abend zu essen gibt, kann nicht die Lösung fürs Problem sein.

Bald zweigt der Zustieg zur Kletterei vom Wanderweg ab. Die Sonne geht auf, es wird ein wunderbarer Tag. Aber wo sind die Töpfe abgeblieben?

Über Felsschrofen queren wir in jene Firnrinne, die uns letzte Woche den Weiterweg verhindert hat. Bald stehen wir wieder auf der Altschneefläche. Mit Steigeisen an den Bergschuhen gewinnen wir beständig an Höhe. Die Rinne wird zur Schlucht, der Firn steiler. Eine Lücke in der Schneedecke müssen wir im Felsgelände umklettern, dann geht es auf Steigeisen weiter, bis eine weitere Schneeunterbrechung uns endgültig ins Felsgelände abdrängt.

So weit ist alles gut. Längst ist uns warm geworden, auch ohne heißen Frühstückstee. Der Magen knurrt jedoch allmählich. Wie wird das erst heute Abend werden? Mit leerem Magen? Ohne Tortellini?

Immer schräg links aufwärts steigen und klettern wir weiter. Mal können wir seilfrei gleichzeitig gehen, mal ist das Gelände zu schwierig und die Felsqualität zu schlecht, so dass wir von Seillänge zu Seillänge sichern. Die Wegfindung in der riesigen Wandflucht und die Brüchigkeit des Felsen fordern volle Konzentration.

Nach acht Stunden sitzen wir endlich unter jenem kompakten Felsen, der als sogenannter „Pfeiler" den Beginn des schwierigsten Teils markiert. Eine Pause ist nun angesagt. Essen, trinken, rasten und den Blick übers Tal schweifen lassen. Kräftig grün sind die Wiesen dort unten. Bauernland. Kaum Höfe, kaum Ortschaften. Wo die Bäuerin wohl ihren neuen Kochtopf kauft? Aber sicher kauft sie den nicht am Samstagabend. Und wahrscheinlich kauft sie ihn auch nicht im nächsten Weiler, sondern beim Großeinkauf in der nächsten Stadt.

Die Kletterschwierigkeiten am Pfeiler lenken vom Topfproblem ab. Abwechslungsreich ist es, mit Rissen, Querungen, Verschneidungen. Am Ende des Pfeilers nehmen wir das Seil auf. Die restlichen Höhenmeter bis zum Gipfel des Birnhorns sind vor allem flache Schrofen und Felsschutt. Bis auf kleine Kletterpassagen kann man einfach hinaufsteigen, ohne die Hände zu Hilfe nehmen zu müssen. Nach einer knappen halben Stunde werden wir auf den Wanderweg treffen, der hier unter dem Gipfel quert. Dann ist es nochmals eine gute halbe Stunde zum Gipfel. Über die Passauer Hütte werden wir absteigen. Insgesamt sind das nochmals drei bis vier Stunden, in denen wir über unser Kopftopfproblem nachdenken können.

Hell silbern leuchtet unser Retter zwischen den Felsbrocken, von denen das Kar übersät ist. Fünfzehnhundert Meter über dem Tal und dreihundert Meter unter dem Gipfel, mitten in einer der höchsten Wände der Ostalpen, mitten in einer kilometerlangen Wandflucht, in der es außer ein paar nie begangenen Klettertouren keinen Weg gibt, liegt ein Kochtopf.

Freilich, das neueste Modell ist er nicht. Aluminium, verbeult, mit scharfen Kanten, verkohltem Boden und einem biologisch-chemisch lebendigen Inneren. Aber ein Kochtopf. Ein Retter in der Not. Ein neuer, alter Freund. Er darf mit auf den Birnhorngipfel und tritt dann seine Reise ins Tal an. Delikat werden die Tortellini aus ihm schmecken, besser noch als vom Sternekoch.

Frage des Standpunkts

Ein Schild mit einem großen roten Kreuz hängt im Ankunftsbereich des Flughafens La Paz. „Cruz Roja" steht dabei, eine erste kleine Auffrischung der spanischen Sprachkenntnisse für den Neuankömmling in Bolivien. Geschuldet ist die Sanitätsstation der Tatsache, dass der internationale Flughafen auf der Andenhochfläche liegt und man auf über 4000 Metern landet. Kreislaufzusammenbrüche und massive Höhenprobleme sind keine Seltenheit. Selbst wer nicht gleich das Rote Kreuz benötigt, erhält noch vor Passkontrolle, Gepäckausgabe und Zoll einen Becher Coca-Tee. Drogen auf Staatskosten, sozusagen. Als Prophylaxe für Höhenkrankheit.

Zehn Tage sind seit diesem ersten Coca-Tee vergangen. Kleine spanische Unterhaltungen laufen schon wie geschmiert, die Taxifahrer bringen uns dorthin, wo wir hin möchten, Bustickets für das korrekte Ziel und den korrekten Tag bekommen wir auch und die Passanten auf den Straßen von La Paz antworten auf unsere Fragen nach dem Wo oder Wie ohne Nachfrage zum Verständnis.

Seit zwei Tagen nun zeigt sich Bolivien von seiner schönsten Seite: blauer Himmel und warm. Lediglich ein böiger Wind fegt übers Altiplano und durch die

Straßen der Hauptstadt. Er trocknet die Haut aus und sandstrahlt Rucksäcke und Kleidung. In den Haaren wirkt er wie Spray. Die Frisur bleibt formstabil, egal, was man tut und die Haarfarbe ist sandbraun.

Nach zehn Tagen Reisen und Bergsteigen würde Haare Waschen ein neues Lebensgefühl vermitteln. Zu diesem Glück fehlt mir aber ein Kamm. Auf dem Weg zum Busbahnhof ist ein kleiner Gemischtwarenladen, dort sollte man mir helfen können. Ich frage nach. Auf Spanisch.

„Haben Sie einen Kamm?"

„Einen Kamm? Nein."

„Und wo…?"

„Draußen, rechts, bei den Frauen."

Draußen rechts haben ein halbes Dutzend fliegender Händlerinnen ihre Verkaufstücher auf dem Pflaster ausgebreitet. Darauf sind farbenfrohe Gebrauchsgegenstände des täglichen Lebens. Gleich die erste Frau, die hier am Boden sitzt, ist eine junge Schönheit. Im Vergleich zu vielen anderen Bolivianerinnen ist sie schlank und großgewachsen, ihr Gesicht ist schmal und die Haare trägt sie auf eine neckische Weise, die sagt: „Ja, ich bin hübsch. Und das weiß ich auch."

Kämme hat sie scheinbar nicht im Sortiment. Aber ich gehe in die Hocke und scanne das Angebot noch einmal aus der Nähe. „Haben Sie einen Kamm?", frage ich sie. Zweifelnd sieht sie mich an. Ich wiederhole. Ich betone anders. Sage nur „Kamm?". Habe ich vielleicht das falsche Wort in Erinnerung? Frage ich sie gerade nach Windpocken oder einer Angelschnur, nur weil das Wort vor langem auf derselben Seite des Vokabelhefts stand oder so ähnlich klingt?

Mit den Fingern kämmt ich mir schließlich durch die Haare. Zeichensprache hilft. In ihren Augen blitzt Verständnis auf: „Sanu!" Aus einem zusammengeknoteten Tuch holt sie eine Tüte mit drei großen, roten Plastikkämmen. Mit einem „Sanu" breitet sie die drei vor mir aus. Einen Moment noch ist sie glücklich, dass sie das Gesuchte hat und mir weiterhelfen kann. Im nächsten Moment drückt ihr Gesicht Enttäuschung aus. Sie fragt mich etwas, das ich nicht verstehe. Sie wiederholt es langsamer. Dann stellt sie beim dritten Versuch eine ganz andere Frage, eine Frage in gebrochenem Spanisch diesmal, genauso stockend und unbeholfen wie ich selbst vorher: „Sprichst du überhaupt kein Aymara?"

Zeit lassen!

Endlich hatte auch der Alpennordrand wieder Schnee bekommen. Für die vage vereinbarte Skitour im Ex-Kollegenkreis standen die Zeichen also gut. Vor allem würden wir nicht weit fahren müssen. Gleich die erste Bergkette würde ausreichend Schnee haben. Zwischen Tegernsee und Königssee standen uns Dutzende von Möglichkeiten offen.

Vier Autos bleiben schließlich am Pendlerparkplatz stehen, ins fünfte verladen wir Ski, Stöcke, Schaufeln und Rucksäcke. „Ja, was moantsn?", eröffnet Schorsch die Entscheidung zum Tourenziel. Die „alten Hasen" werfen ein paar Gipfel und Routen ins Gespräch:

„Trainsjoch geht. War i aber erst."

„Chtsgaden geht sicher a ois."

„Zwiesel."

„Nord?"

„Oder Rauschberg."

Die beiden Tourenküken mit weniger als zehn Jahren Erfahrung halten sich aus dem schnellen Wortwechsel heraus, sie müssen darauf vertrauen, dass das Ergebnis unserer Wahl auch für sie eine gelungene Samstagstour wird.

„Fahr ma halt amal." Schorsch als Fahrer und erfahrenster der alten Hasen hat die Landkarte mit Ausgangspunkten ohnehin im Kopf.

Am Kreisverkehr nach der Autobahnausfahrt wird uns klar, dass wir die letzte Entscheidung zwischen Zwiesel und Rauschberg noch nicht getroffen haben und der demokratische Prozess die Länge der Kreiselaußenseite zeitlich übertrifft. Schorsch fährt eine zweite Runde, dann besteht über Schneehöhe, Geländeuntergrund, Gesamtlänge, steilste Stelle, Anzahl der prognostizierten anderen Tourengeher, mögliche Varianten und spätere Einkehroptionen mit Sonnenterrasse Einigkeit und wir biegen Richtung Zwiesel ab.

Als wir in die Bindungen steigen, liegt der Talboden noch im Schatten. Es ist eisig kalt. Kein Wunder, dass hier eine der ersten Natureisbahnen entstand. Wir schlagen ein gemäßigtes Tempo an, so dass wir zu zweit und dritt nebeneinander gehen können und über Gott und die Welt ratschen können.

Schließlich wird die Spurtrasse enger, wir gehen hintereinander. Ratschen kann man aber immer noch. Es wird steiler. Zwischen einer Rippe und einem Graben spuren wir durch steilen Wald hinauf. Später am Gipfel werden wir feststellen, dass die „alten Hasen" allesamt das große, steile Kar rechts einer strengen Sichtprüfung unterzogen haben. („I bin scho moi nüberquert, des geht." - „Der Schnee langt. Nur in der Mittn is dünn." - „Ja, aber rechts schauts besser aus.")

Die letzten Bäume liegen hinter uns. Das eigentliche Zwieselkar ist wie ein Stück wilde Westalpen: steile Felswände, Rinnen, die sich dem Blick entziehen, und ein noch ungewisser Ausstieg auf die sonnige Südseite. Wie durch einen Kühlschrank geht es hinauf. Konzentriert steigen wir das letzte Stück in die Scharte hinauf. Mit Harscheisen geht das gut, ohne gäbe es kein Halten. Auch der Rücken zum Gipfel hinauf ist steil und ausgesetzt. Dort wo der Schnee weich ist und ein paar Latschen trügerische Sicherheit vorspielen, geht es. Erst in der Abfahrt wird uns auffallen, wie kompromisslos die Kante nach links abbricht.

Der Gipfel gehört uns allein. Ein paar Sitzbänke aus Schnee verteilen sich unterhalb des Kreuzes. Nach dem langen nordseitigen Anstieg lassen wir es uns in der Sonne gut gehen. Erst zum Ende der Pause hin kommen sonnenfaule Gespräche auf:

„In der Abfahrt, soll ma schaun, ob ma nüberqueren kanntn ins Murkar? Viel Gegenanstieg is net."

„Wenns drüben guat is, könnt ma sogar nochmoi auffellen."

Die beiden Küken - Sportlehrer, Skifahrer und gestandene Männer mit Frau, Kinder, Haus - lauschen dem Wortwechsel. Ihr Blick sagt: Was hecken die wieder aus! Und wir müssen mit!

Ihr schweres Los fassen sie in Worte: „Weißt noch, bei einer der ersten Skitouren, zu denen sie uns mitgnommen haben, wie wir da an dem Wechtengrat gstanden sin und keiner gwusst hat, ob ma da überhaupt nunterkommt ..."

„Ja, und wie der Schorsch dann gsagt hat: `Kannst da Zeit lassen.´ Da war klar: Oha!"

„Mhm. Aber wirklich schwer wird´s, wenn er sagt: `Kannst da **ruhig** Zeit lassen.´ Dann is senkrecht."

Nacht der Nächte

Es dämmert schon, als uns auf der engen Bergstraße ein Pickup entgegenkommt. Noch bevor uns die Scheinwerfer blenden, hören wir das sonore Brummen des Motors. Ein Geräusch wie ein Donnergrollen, mächtig, bedrohlich. Die einzige Person, die ein vergleichbares Auto mit einem vergleichbaren Fahrgeräusch hat, ist unser Nachbar, von dem es heißt, er sei Zuhälter. Oder es zumindest gern wäre.

Den Pickup hatte ich eine halbe Stunde zuvor bereits einmal gesehen. Da fuhr er auf der Forststraße bergauf, während ich zu Fuß scheinbar talwärts wanderte, tatsächlich aber nur ein paar Meter zum letzten Wegweiser abstieg, um die Beschilderung zu überprüfen.

Wir waren zu zweit mit einem Mountainbike unterwegs und wollten die kilometerlange Forststraße nutzen, um möglichst schnell bis ins Almgelände zu kommen. Vom Straßenende wäre es noch eine weitere Stunde zu Fuß bis auf einen Grataufschwung mit einer Lücke im Latschenbewuchs. Eine Lücke, groß genug um ein Stativ aufzustellen und die Milchstraße über den Felszacken des Wilden Kaisers zu fotografieren. Wie ein perfekter Bogen würde sie sich über das Gebirgsmassiv lehnen.

Seit Jahren schon geisterte die Idee durch unsere Köpfe. Doch einmal war keine Zeit, dann zogen im entscheidenden Moment Wolken auf, die Milchstraße zeigte sich nur mit ihrem weniger attraktiven Ausschnitt, es lag zu viel Schnee, es war zu windig, zu kalt. Heute dagegen würde alles passen. Wir waren aufgedreht wie kleine Kinder vor Weihnachten. Selbst wenn man regelmäßig ganze Nächte im Gebirge verbringt, ist der Start nach Sonnenuntergang immer wieder etwas Besonderes, so als würde man etwas Verbotenes tun.

Etwas Verbotenes taten wir natürlich auch, indem wir auf einer für den Verkehr gesperrten Forststraße mit dem Mountainbike fuhren. Dass wir uns dafür zu zweit ein Rad teilten, reduzierte das Vergehen gegen die Regeln sicher nicht auf die halbe Schuld.

Pflichtschuldig lenken wir das Rad jetzt an den Rand der Schotterstraße, halten an und steigen ab. Für den protzigen Pickup und ein mit zwei Personen beladenes Mountainbike ist die Straße einfach nicht breit genug. Ich werde ein Stück zu Fuß gehen müssen bis zum nächsten Flachstück oder zur nächsten Serpentine, um später hinten wieder aufsitzen zu können, denn hier ist es zum Anfahren für uns beide zu steil.

Der Pickup hatte inzwischen das Tempo verlangsamt, war stehen geblieben und hatte den Motor abgeschaltet. Was wollte er von uns? Würden wir vom Oberförster persönlich eine Standpauke erhalten?

Gehend und schiebend nähern wir uns dem stehenden Auto. Das Fenster ist heruntergekurbelt, der strenge Blick des Försters trifft mich.

Dass unser Gespräch nicht mit einer Standpauke beginnt, sondern mit einer auf Hochdeutsch bewusst korrekt formulierten Frage nach dem Ziel unserer Fahrt, macht die Sache anfangs fast bedrohlicher als alles andere. Sollte ich bei der Wahrheit bleiben, obwohl sie so unglaublich klingen würde? Eine glaubwürdigere Geschichte wollte mir aber nicht einfallen. Außerdem: warum lügen!

Ein Wortschwall aus Euphorie geht über den Förster nieder. Mit jedem Satz steigt meine eigene Begeisterung. Es war ja wirklich die Nacht der Nächte. Wie lang hatten wir darauf gewartet! Welch wunderbarer Herbst! Geschenkte Tage, geschenkte Wochen. Egal, ob man mit dem Metzger, dem Zahnarzt oder dem Nachbarn sprach, jeder sang in diesen Tagen das Lied vom Jahrhundertherbst.

„Ja, ja, wirklich, die Tage, die muss man ausnutzen", stimmt auch der Förster zu. Kurz entsinnt er sich, dass wir eigentlich zwei verfeindeten Lagern angehören: Förster hier als Schützer und Hüter des Waldes und der Ruhe im Wald, Mountainbiker dort als laute, jede Ordnung ablehnende Funsportler. „Die Straße ist eigentlich gesperrt. Mountainbiken darf man da nicht. Das habt ihr schon gesehen?" Ja, das wissen wir, auch wenn am Beginn dieser speziellen Forststraße das Verbotsschild fehlte. Wir wissen auch, dass wir im Fall eines Schadens auf eigenes Risiko hier sind. Dass kein österreichisches Bundesland zahlt, wenn wir mit dem Fahrrad umwerfen oder ein Baum auf unseren Kopf fällt, während wir unerlaubterweise auf der Straße radeln.

„Ihr habt's aber schon an Motor?", fragt der Förster. Seine Augen leuchten vor Begeisterung. Längst ist er auf Dialekt eingeschwenkt. Wahrscheinlich liegt der Katalog mit den E-Bikes schon auf seinem Schreibtisch. „Und zu zweit? Wie geht des?", will er wissen. Andi nennt die Kennzahlen für Akkuleistung und Reichweite, ich stehe bewundernd daneben. Mime die Prinzessin neben ihrem Prinzen. „Isser scho a ganz a Braver, gell?", bemerkt der Förster schmunzelnd im breitesten Dialekt, jetzt wieder nur an mich gewandt. Dabei nickt er, lässt den Motor an und der Pickup rollt langsam an.

Dieb in Arusha

Die rote Sporttasche, die der Buskondukteur über der Schulter trug, war noch größer als jene, die während der Schulzeit mein ständiger Begleiter gewesen war. Meine hatte drei Streifen gehabt, seine hatte nur zwei. Dafür war seine mit dicken Bündeln von Geldscheinen gefüllt und in meiner waren Turnschuhe, Socken, T-shirts und Wasserflaschen gewesen.

Als Kondukteur im Überlandbus vom kenianischen Nairobi nach Arusha in Tansania brauchte man eine große Sporttasche. Beide Länder hatten eine eigene Währung und in beiden herrschte Inflation – in Tansania noch mehr als in Kenia. Jeder Fahrgast zahlte für die gut fünfstündige Fahrt im „Expressbus" mit einem Geldbündel, das in keine normale Brieftasche mehr passte. Während der Kondukteur die Reihen abkassierte, füllte sich der Bauch der gefräßigen Sporttasche immer mehr.

Wie ein zweibeiniger Geldtransporter musste sich der junge Mann vorkommen. Trotzdem war er nicht um seine eigene Sicherheit besorgt, sondern um unsere. „Wechseln Sie an der Grenze nach Tansania kein Geld! Das ist alles schwarz. Da bekommen Sie nur Ärger!"

Dabei waren auch die Scheine, mit denen wir ihm die Überfahrt bezahlt hatten, schwarz getauscht. Unter den Augen der kenianischen Grenzbeamten. Vor zwei Tagen erst hatten wir bei der Einreise nach Kenia von Uganda kommend unsere restlichen Ugandaschillinge in einer „Bank" in Keniaschillinge tauschen wollen. Der Grenzort – auf der Karte so groß verzeichnet wie die Hauptstadt – bestand aus jeweils einer Zeile grauer Baracken, die die Durchgangsstraße säumten. Die Neonröhren einiger Imbissbuden mussten als Straßenbeleuchtung und Grenzstrahler herhalten. Auch im Büro des Grenzbeamten bestand der einzige Luxus aus dem gerahmten Bild des Präsidenten Daniel arap Moi. Sonst ein nackter Schreibtisch, ein dickes Registrierbuch, ein Kugelschreiber, ein Stempel und ein Stempelkissen. Unsere Frage nach einer Bank beantwortete er mit der Gegenfrage: „Warum?" Der nächste und letzte Satz, den er zu uns sprach, hieß: „Wie viel?" Dann bildeten sich kleine Schweißperlen auf seiner Stirn. Er verließ das Büro, kam nach einer Minute mit einem jungen Mann zurück, der so wenig offiziell aussah, wie das nur möglich war, und unter den Augen der Grenzpolizei wurden unsere Ugandaschillinge schwarz zu Keniaschillingen.

Zur Mittagszeit kamen wir am Busbahnhof in Arusha an. Alles ging sehr schnell. Da ein Teil der Fahrgäste Touristen waren, schulterte jeder seinen Rucksack und auch der sonst auf Bussen überbordende Dachständer war im Nu leer. Im

Menschengewirr der Busbahnhöfe war trotzdem immer höchste Aufmerksamkeit angesagt. Mit unseren vier schweren Gepäckstücken waren wir gefordert. Jeder hatte einen großen Rucksack und zusätzlich ein blaues 60 Liter-Chemikalienfass. So war die Ausrüstung wassersicher, druck- und stossgeschützt und abschließbar. Nur tragen ließen sich die Fässer kaum.

Ein Anschlussbus für die Weiterfahrt nach Moshi stand schon bereit. Für einen Geldtausch blieb keine Zeit mehr, den Bus würden wir mit den restlichen schwarzen Keniaschillingen zahlen müssen.

Bargeld blieb auch für die folgenden eineinhalb Wochen das Thema, afrikanischen Sozialismus hin oder her. Vor allem wenn es die Chance gab, Touristen aus Europa oder USA zu melken, kannten sich sowohl staatliche Stellen wie Privatpersonen in Tansania erstaunlich gut mit den Vorzügen des Kapitalismus aus.

Vor Monaten schon hatten wir bei der Nationalparkverwaltung des Kilimandscharo angefragt, ob man die Besteigungsgebühr für den höchsten Gipfel in Afrika auch direkt bei ihnen bezahlen könne. Nach einigen Wochen hatte uns ein Kuvert erreicht, auf dessen Vorderseite Adresse und Briefmarken kaum Platz fanden. Mr. Dattomax von der Nationalparkverwaltung teilte uns darin mit, dass die Besteigung über ein lokales Reisebüro zu buchen sei, zum Beispiel in Mombasa, in Arusha oder auch vor Ort in

Moshi. Die Nationalparkgebühren seien überall gleich, die Leistungen der Reisebüros ähnlich. Nochmals drei Wochen später erreichte uns ein weiteres Kuvert aus Tansania. Abgesehen von den Agenturen könne er uns auch direkt die Besteigung organisieren, am besten kämen wir zu ihm persönlich. Gezeichnet Mr. Dattomax. Nur der Briefkopf des Nationalparks fehlte dieses Mal.

Mit einem Sammeltaxi holperten wir zur Nationalparkverwaltung am Fuß des Kilimandscharo. Immerhin wollten wir der Direktbuchung eine Chance geben. Der schmale Grat zwischen Korruption und Hilfsbereitschaft eines Beamten, zwischen aufgeblähtem Dienstleistungsangebot der Vermittler und Unterstützung der Unternehmer vor Ort ist manchmal schwer durchschaubar. Wir wollten es darauf ankommen lassen und uns selbst ein Bild machen.

„Dattomax? No, sorry." Ihr Chef sei heute nicht da, erklärte uns eine kleine, resolute Rangerin in Uniform. Ob sie uns weiterhelfen könne? Am Ende des Gesprächs kamen wir überein, dass die Direktbuchung ein seltener, ja, unüblicher Vorgang wäre, aber nicht verboten sei. Sie stand auf, öffnete die Fliegentür zur Terrasse, pfiff durch die Finger und sprach mit dem herbeieilenden jungen Mann für eine Weile. „William. Er ist euer Guide", stellte sie ihn uns vor, denn ohne offiziellen Führer ging im Nationalpark nichts.

Wir hatten nicht damit gerechnet, heute schon alle Formalitäten erledigen zu können. Travellerschecks hatten wir, eine Kreditkarte und ein paar Keniaschillinge. Für die teuren Nationalparkgebühren reichte das nicht. Ob wir mit „Karte" zahlen könnten? „Was heißt das?", fragte die Rangerin nach. Wir zeigten ihr die VisaCard. Sie studierte sie, drehte sie auf die Rückseite und blickte wieder uns an. Ihr Gesichtsausdruck lag zwischen Verwunderung und Belustigung. „Was mache ich damit?" William kam zu Hilfe: „Das habe ich in Nairobi schon einmal gesehen. Man steckt es in einen Kasten und bekommt dafür Geld."

Mit großem Gottvertrauen zahlten wir William später am Abend in Moshi die Nationalparkgebühr und einen Vorschuss für die Träger, das Taxi und ihn selbst. In bar. In Dollar. Denn wenn es um viel Geld ging, waren Dollar doch die wesentlich praktischere Währung. Die Nationalparkverwaltung nahm ohnehin nichts anderes.

Für die rund 4000 Höhenmeter vom letzten Dorf bis auf den Gipfel des Kilimandscharo und für den Abstieg auf dem Normalweg hatten wir sechs bis sieben Tage geplant. Die lange Tour und die große Höhe wollten wir nicht mit überflüssigem Gewicht belasten und tauschten daher keine dicken Geldbündel mehr ein. In den blauen Fässern steckten zudem ausreichend Lebensmittel, wir waren autark.

Unser letztes Bargeld liehen wir Bruce, seiner Frau Susan und seinem Sohn, einer englisch-kenyanischen Familie, die im letzten Lager vor dem Gipfel am Nachmittag ankam. Sie hatten weder Führer noch Träger dabei, waren also illegal im Park und hatten wohl nicht damit gerechnet, auf eine andere Gruppe zu treffen. Unser Führer witterte sofort eine Chance. „Den Verstoß muss ich melden. Sie haben kein Permit!" Nach längerem war er bereit, gegen Zahlung einer Gebühr auch die Führung der Familie zu übernehmen. Auf dem Papier. Was blieb ihnen anderes übrig? Wie in einer Laienkomödie zückten sie den Geldbeutel, leerten ihn und schüttelten ihn sogar mit der Öffnung nach unten durch, ob nicht doch noch irgendwo, in einer Ritze, einem Geheimfach ...

Unser Führer war mit dem Ergebnis aus Bruce Geldbörse aber nicht zufrieden. Schließlich lieh sich die Familie bei uns ein wenig Bargeld, um zumindest 40 Dollar abdrücken zu können. Bestechungsgeld auf der einen Seite und eine Investition in ein deutsch-britisch-kenyanisches Freundschaftsband andererseits. Wir würden die Familie am nächsten Morgen in der Dämmerung nochmals kurz sehen, dann würden wir zum Gipfel weitersteigen, während sie über die Western Breach direkt ins Tal absteigen sollten.

Vom Kilimandscharo zurück wollten wir rasch wieder aus Tansania ausreisen. Trotzdem war noch der Überlandbus zurück nach Kenia zu zahlen. Das letzte Bargeld hatte im Hochlager den Besitzer gewechselt. Jetzt hatten wir noch Travellerschecks zu 100 DM.

100 Mark tauschen und an der Grenze wieder schwarz zurücktauschen? Oder 100 Mark tauschen, sich aber die Hälfte in Mark oder Dollar auszahlen lassen? Während ich am Busbahnhof in Arusha über unsere Rucksäcke und die Fässer wachte, ging Andi zur Bank. Wie zu erwarten gewesen war, wollte die Schalterbeamtin nur den Gesamtbetrag in Tansaniaschilling auszahlen. Auch bei einem zweiten Wechselbüro hatte er nichts anderes erreichen können. Ich erinnerte mich an einen weit gereisten 50 Mark-Scheck. Mit dem wollte nun ich mein Glück versuchen. Während dieses Mal Andi am Busbahnhof die Rucksäcke und Fässer wie zu einer Wagenburg im Wilden Westen gruppierte, machte ich die Bankenrunde.

Schneller als erwartet hatte ich Erfolg und Bargeld in der Hand. Nun würden wir nicht nur unseren Bus nach Arusha leicht erwischen, sondern wir könnten ihn sogar bezahlen. Andi bewachte immer noch unsere Fässer- und Rucksackburg, die wir zwischen Busbahnhof und Stadtpark aufgetürmt hatten. Auf einem der Fässer saß er, das zweite stand rechts vor ihm in Griffweite. Daran angelehnt stand mein Rucksack, zu seinen Füßen lag sein eigener. So bildeten Gepäck und Freund regelrecht einen Fels in der Brandung, die Passanten spülten ihm wie Wellen um die Beine. Nicht weit saßen auf einem

Mäuerchen des Parks drei junge Männer in der Nachmittagssonne. Vielleicht warteten auch sie auf ihre Busverbindung, vielleicht auf Freunde oder Familie, vielleicht war hier auch einfach nur weniger Hektik als zuhause.

Vom Erfolg meiner Bankgeschäfte und der Kilimandscharo-Besteigung am Vortag übermütig, ging ich wenige Schritte hinter Andis Rücken in die Knie und robbte das letzte Stück vorsichtig auf ihn zu. Einer der drei Männer beobachtete mich aufmerksam, verzog aber keine Miene. Im Schutz eines der Fässer streckte ich den Arm nach Andis Rucksackträger aus und begann stümperhaft langsam, an ihm zu ziehen. Der Beobachter hatte mit mir Blickkontakt aufgenommen. Sein Ausdruck wechselte von Schreck zu Amüsement: Seine Mundwinkel zuckten und aus seinen Augen lachte der Schalk. Dass ich wirklich ein Rucksackdieb sein könnte, hielt er für unglaubhaft.

Dann umfasste ein Stahlgriff mein Handgelenk. Andi war mit einem Ruck auf, bereit das Reisegepäck zu verteidigen. Im selben Moment schallte das laute Lachen des Schwarzen über den Busbahnhof.

Nachbars Garten

Die Namen von Blümchen und Kräutern zu kennen, ist für mich ein nettes Abfallprodukt. Was mich wirklich interessiert, ist: Kann man´s essen? Kann man´s trinken? Und wie wirkt es?

Recherchereise. Der Programmpunkt „9:30 - 12:00 Uhr Kräuterwanderung" kommt mir daher ganz recht. Ein paar neue Pflanzen kennen lernen, von einem Profi etwas über ihre Verwendung und Wirkweise zu erfahren, das hört sich gut an. Schließlich kann man unterwegs nicht immer gleich den Arzneikoffer aus dem Rucksack ziehen. Da ist es doch praktisch, wenn man sich direkt bei Mutter Natur bedienen kann.

Natürlich müsste der Spaziergang nicht am ersten Schönwettertag stattfinden und nicht vormittags. Und nicht im Tal. Lieber wäre mir ein trüber Tag und eine Tour im Gelände. Aber immerhin ...

„Wo gehen wir hin?", fragt eine der Teilnehmerinnen am Treffpunkt zur Kräuterwanderung. Sie möchte abschätzen können, ob sie ihre Wanderstöcke mitnehmen soll. Zwei Wege gäbe es, erklärt die Kräuterexpertin. Hatte ich erwartet, jetzt eine Begründung für die Routenwahl zu hören, dann werde ich enttäuscht. „Ich muss sehen, wohin es mich ruft."

Der Ruf - für mich unhörbar - geht zunächst zum Wohnhaus der Kräuterfrau. Es liegt gleich auf der anderen Straßenseite. Im großen, kräuterhexengerechten Garten geht es um eine bekannte Blume, die es im Gartencenter auch zu kaufen gibt. Ich erfahre, dass man sie essen kann. Allerdings nicht, warum ich das sollte. Dafür aber, wie die Farbe zu interpretieren ist und welches Sternbild mit ihr korrespondiert. Wie ihr Wuchs symbolhaft ist für ihr Wesen. Dass sie Aura hat. Dass sie früh schon verehrt wurde.

„In welches Öl legen Sie die ein?", fragt die Teilnehmerin ohne Stöcke. „Ach so? Weil ich nehme immer Olivenöl ..."

Weiter hinten im Garten wuchert ein Kraut, das ich als Würze für fette Fleischgerichte kenne. Schon allein deshalb interessiert es mich nicht sonderlich. Ob es noch für anderes gut ist, erfahre ich nicht, denn der Vortrag triftet zu den Planeten und Sternen. Ich trifte auch ab und mustere die Kräuterexpertin genauer. Kleidung, Stimme, Haltung, Gestik - eine stimmige Persönlichkeit.

Das helllila Leinenkleid hat einen schlichten Schnitt, die Birkenstocksandalen sind hellbraun. Die Haarspange ist aus unbehandeltem Holz, ein grünes Pflänzchen mit langen Ranken hat sich wie zufällig in die Frisur geschlungen. Schmuck, Make-up, eine Uhr, etwas so Profanes wie ein Haustürschlüssel, ein Handy oder eine Teilnehmerliste: Fehlanzeige. Alle naturfernen Verschönerungsutensilien, die man im Durchschnittshaushalt findet, sind hinter den grün umrankten Türen dieses Hauses sicher nicht zu finden.

Haltung: aufrecht. Gestik: fließend, weit ausholend. Stimme: zwischen geheimnisvoll und passend zu Tante Kätes unmittelbar bevorstehendem Ableben.

Sporadisch höre ich wieder mit. Wesen, Aura, Stolz im Wuchs, Achtsamkeit, Heil. Als es um die Stärkung des Herzchakra geht, wird mir endgültig klar, dass ich die Inhalte der nächsten zwei Stunden mit meinem naturwissenschaftlichen Ansatz nicht werde würdigen können. Name, Vorkommen, Konservierung, Wirkweise einer Pflanze - in diese Schubladen lässt sich das Wissen unserer Exkursionsleiterin nicht pressen. Bestimmt weiß sie viel, aber auf einer ganz anderen Schiene als der meinen.

Nach einer guten Stunde schweben wir aus dem Garten und zurück auf die Straße, bereit für die eigentliche Wanderung. Jetzt kommt also die Natur. Jetzt wird es doch noch interessant. Nach ein paar Schritten strafft die Kräuterfrau ihren ganzen Körper, marschiert im Stechschritt los, soweit es der Schnitt ihres Kleides zulässt und legt ein Tempo vor, das so gar nicht zur betonten Behutsamkeit und

Achtsamkeit passen will. Hoch erhobenen Hauptes und mit Blick geradeaus stürmt sie am ausgesprochen schönen Holzschindelhaus des Nachbarn vorbei. Wir Teilnehmer machen fürs Herzchakra auf diesen ersten Schritten ein Belastungs-EKG, um den Anschluss nicht zu verlieren.

Erst als wir genügend Abstand zwischen uns und die vor Kraft strotzenden, aufblühenden Cannabis-Stauden in Nachbars Vorgarten gebracht haben, wenden wir uns wieder der Aura des am Wegrand wachsenden Spitzwegerichs zu.

Teufels Küche

„Kann ich Ihr Auto sehen?" Die Rangerin im Canyonlands Nationalpark wirkt wie eine eiserne Lady. Strenger Kurzhaarschnitt, hohe Körperspannung, kein Wort zu viel. Mit Präzision füllt sie das Formular für unsere vorreservierten zwei Nächte im Backward aus. Welch ein besonderer Glücksfall, dass ich einen der wenigen Zeltplätze im Herzen des Needles Districts im Canyonlands Nationalpark von zuhause aus online ergattert hatte. Und das zu Beginn der Hauptreisezeit. Nur vier Plätze gibt es. Sie sind perfekt in den Tiefen der Nationalpark-Homepage versteckt und müssen lange vorher gebucht werden. Einen davon hatten wir bekommen! Im Devils Kitchen, welch vielversprechender Name.

Bei unserer allerersten USA-Reise war dieser Nationalpark dem ohnehin schon überstrapazierten Studentenbudget zum Opfer gefallen. Ohne Allrad-Geländewagen würden wir in Canyonlands nicht weit kommen und einen zusätzlichen, noch teureren Mietwagen nur für diesen Park wollten wir uns nicht leisten. Eine Postkarte, auf der man einen Heißluftballon durch eine Felsschlucht mit senkrechten, roten Wänden fahren sieht, war das einzige, das ich von Canyonlands damals mit nach Hause brachte. Und den Wunsch, eines Tages diese wilde Schönheit selbst zu sehen.

Gut zwanzig Jahre später hatte der Canyonlands Nationalpark also einen gewichtigen Platz in der Reiseplanung bekommen. Drei Tage im Gebiet Island in the Sky auf der Ringstraße am Green River entlang und zwei Übernachtungen im Ostteil des Parks im Bereich Chesler Park. Hunderte von roten Sandsteintürmen stehen hier wie eine Miniarmee Wache. Bei Sonnenaufgang oder Sonnenuntergang müssen sie im schrägen Licht wunderbar aussehen. Anders als bei vielen anderen Naturwundern in den USA war nicht zu recherchieren gewesen, wo die interessantesten Plätze innerhalb der mehrstündigen Wanderwege wären. Aber mit einem Zeltplatz im Herzen des Parks sollten wir den optimalen Ausgangspunkt haben. Ich rechnete mit einem halben Tag Erkundung, einem Tag zum Fotografieren und einem Reservetag.

Im Anschluss an die ersten drei Tage auf der wilden Piste am White Rim-Trail hoch über dem Green River standen wir nun im Büro am Parkeingang zum Needles District, um uns für die beiden vorreservierten Übernachtungen in der Küche des Teufels anzumelden.

„Bevor wir hinausgehen zu Ihrem Auto, gebe ich Ihnen hier einen Plan mit unseren Straßen mit. Passen Sie gut auf. An diesem Punkt schalten Sie 4x4 zu, der erste Teil der Straße ist im Moment in einem nicht so guten Zustand. Hier" – sie markierte die Stelle mit einem X – „ist eine Ausweiche. Steigen Sie aus, stellen Sie den Motor ab und horchen Sie, ob ein anderes Fahrzeug am Pass unterwegs ist. Wenn nicht, fahren Sie die erste Kehre hinab, fahren Sie in die Ausweiche am Ende der Kehre und machen Sie die nächste Kehre rückwärts. Anders reicht der Kurvenradius nicht. Ab der nächsten Kurve können Sie wieder vorwärts fahren. Und unten wird es sowieso einfach. Haben Sie noch Fragen?"

Als alle Formalitäten erledigt sind, begleitet uns die Rangerin auf den Parkplatz hinaus. Vor unserem weißen Wrangler Rubicon ist sie erstmals nicht mehr Rangerin. „Was für ein schönes Auto! So einen bekommen wir auch bald. In Rot. Wunderbar. Toll. Damit werden Sie keine Probleme haben. Eine gute Fahrt!"

Eine halbe Stunde später hängt der Rubicon mit den Vorderreifen in der Luft. Für eine lange Schrecksekunde droht er nach hinten wegzukippen und auf der Seitenfront aufzuschlagen. Die großen Felsblöcke, mit denen wir eine Fahrrampe aufgeschichtet hatten, um die meterhohe senkrechte Stufe im Felsuntergrund zu überwinden, waren beim ersten Versuch unter den Reifen weggerutscht. Andi war auf dem Gas geblieben und so stand der Jeep auf den Hinterreifen, die Vorderachse komplett in der Luft, die Felsbrocken am Rollen und ich mit aussetzendem Herzschlag hoch oben auf einem der Felsblöcke, die die Straße zum Abgrund hin begrenzten. Schon beim ersten Anblick der ersten Rampe hatte ich mich geweigert im Auto mitzufahren. Motorsport ist nichts für mich. Auch nicht als Zuschauer, da war ich mir jetzt noch sicherer als vorher.

Als die Vorderreifen wieder den Boden berühren, müssen sie Kontakt zum oberen Rand der Felsstufe haben, denn ganz entgegen meiner Überzeugung fassen sie Grund und mit einem Satz ruckelt unser Auto über die Stufe hinauf. Unglaublich steil und über große Felsblöcke geht es weiter bergauf bis kurz vor das X auf unserer Karte. Doch vor der Passhöhe kommt eine fast senkrechte Felsrampe von zwei Metern, über die wir hinab müssen in eine Senke. Schleifspuren zeigen, dass hier schon Fahrzeuge hinuntergefahren oder –gefallen sein müssen. Vorstellen können wir uns das nicht. Wir entdecken eine Umfahrung, bei der man über einzelne Felsblöcke hoppelt – heikel, aber machbar. Danach parken wir am X und lauschen.

Von unten kommt ein anderer Jeep. Ein Cowboy im Karohemd kämpft sich zentimeterweise die Felsschlucht herauf. Frau und Kinder gehen zu Fuß, weisen ein und bauen Adrenalin in Bewegung ab. Wir sehen zu und staunen, dass sein Auto wirklich durch die Engstellen passt und die Steilheit schafft. Ist unser Rubicon wirklich nicht breiter? Als der Jeep oben neben unserem Auto stehen bleibt und der Cowboy sich den Schweiß abwischt, fragen wir ihn nach seiner Autobreite. „Ja, ja, ihr passt da durch.

Ganz sicher." Erst bevor er wieder weiterfährt, sagt er uns, weshalb er sich so sicher ist, dass auch wir durch die Schlucht passen: „Das letzte Mal war ich mit genauso einem hier und hab's versucht. Ich hab danach viel herumgefragt und weiß sicher, dass es theoretisch gegangen wäre. War n schönes Auto gewesen. Total gecrasht damals."

Zentimeterweise kriechen wir die erste steile Rampe hinab. Wenn man erst einmal hineingefahren ist, muss man durch, denn die Felseneinfassung ist so eng, dass der Fahrer nicht mehr aussteigen könnte. Dann kommt die Rückwärtspassage. Ein echter Magenumdreher. Dann wieder vorwärts. Zwei Stunden sind weg, bis wir den Kilometer über den Elefants Hill haben. Eng und einspurig geht es weiter, nochmal eine Stunde geht vorbei. Zum Sonnenuntergang haben wir unseren Zeltplatz erreicht. Wir sind in Teufels Küche. Wie wir jemals wieder zurück in die Zivilisation kommen sollen, ist mir nicht klar.

Am nächsten Morgen erkunden wir zum Sonnenaufgang das große Sandsteinplateau des Chesler Parks mit seinen roten Türmen. Toll sieht das aus. Hunderte von Türmen in unterschiedlichen Höhen, manche mit einem weißen Hut, andere haben einen richtigen Kopf, wieder andere mit einem erkennbaren Bauchansatz. Viele sind sich ähnlich, keiner ist gleich.

Es gibt unzählige, schöne Fotomotive. Die allerschönsten finden wir ganz im Südosten der Runde. Mit einer guten halben Stunde Fußmarsch wäre diese Stelle auch von der Asphaltstraße zum Rangerbüro erreichbar gewesen.

Holy shit

Bei Sonnenuntergang müssen wir noch auf der richtigen Route gewesen sein, doch dann hatte uns entweder das Navi oder ich selbst auf eine Abkürzung dirigiert. Über eine Schotterstraße ging es durch das dicht besiedelte Hügelland zwischen Pietermaritzburg und den Drakensbergen. Im Vergleich zur Autobahn von Durban hierher halbierte sich das Fahrtempo. In der Nähe der Dörfer halbierte es sich jetzt nochmals, denn dort hielt an jeder Ecke ein kleiner Schulbus und entließ seine Fahrgäste, dort spielten Buben auf der Straße noch eine Runde Fußball, bevor es endgültig zu dunkel wurde und an Radfahrern ohne Licht mangelte es sowieso nicht.

Als wir schließlich wieder auf die richtige Straße einbogen, war es stockdunkel. Müde waren wir und hungrig. Auf dem Nachtflug nach Johannesburg hatten wir zwar gut geschlafen, aber nicht so gut, dass wir ausgeschlafen hatten. Vor allem auch weil wir gestern Morgen noch auf einer langen Skitour im Karwendel gewesen und mit Schlafmangel in den Urlaub gestartet waren. Saisonschluss für die Skitouren. Das musste sein. Wenn wir Anfang Juni aus den Drakensbergen zurückkommen würden, wäre der letzte Schnee wohl weg.

München, Nachtflug, Johannesburg, Inlandsflug nach Durban, Autovermietung, Großeinkauf, Autobahn nach Pietermaritzburg, dann die Abkürzung über die Dörfer, die mehr Zeit gekostet hatte als die normale Route - die letzten 24 Stunden waren voll gewesen. Jetzt wollen wir nur noch ankommen. Und zwar in den Drakensbergen, am Lotheni Campingplatz im Nationalpark.

Auf der Straße zum Parkeingang beginnt es zu nieseln. Mit jedem Kilometer, den wir näher an die Berge kommen, wird der Regen stärker. Im Licht der Scheinwerfer leuchtet ein Wegweiser auf, wir werden langsamer, um ihn lesen zu können. So langsam, dass die Eule, die wie ausgestopft auf dem Schild sitzt, irritiert die Flügel ausbreitet und über unser Auto hinweg in die Nacht verschwindet.

Endlich kommen wir an die gemauerte Parkeinfahrt. Einer zweiten Eule fahren wir zu langsam, auch sie dreht uns den Kopf zu und fliegt dann davon. Die dritte Eule sitzt auf dem Campingplatzschild. Wir sind da.

Aber was heißt das schon. Es ist Nacht. Es regnet in Strömen. Der Campingplatz ist nicht mehr als eine nasse Wiese im Dunkeln. Irgendwo wird ein Häuschen stehen mit Toiletten und Waschbecken. Wären nicht gleich links am Eingang zwei Monstertrucks mit mannshohen Reifen gestanden, dann könnte man meinen, wir sind falsch.

Und jetzt? Das Essen ist in zahllose Plastiktüten hinter Fahrer- und Beifahrersitz gestapelt, so wie wir es vor ein paar Stunden aus dem Supermarkt getragen hatten. Anorak, Regenhose, Stirnlampe, Zelt, all das ist irgendwo im Koffer und in der großen Sporttasche verpackt. Wo genau, weiß keiner. Obenauf liegen die Dinge sicher nicht.

Für ein paar Minuten bleiben wir einfach planlos im Auto sitzen und schauen in den nächtlichen Regen. Sollen wir hier stehen bleiben, mitten auf dem Weg, die Sitze zurücklehnen so gut es geht, in den Tüten nach einem Stück Brot suchen und dann einfach schlafen? Aber eine bequeme Nacht wird das nicht. Und von Minuten zu Minute würde es kälter werden. Wir haben Mai, in Südafrika ist das Spätherbst, da kühlen die Nächte im Gebirge ab.

Andi ergreift die Initiative, er springt aus dem Auto und versucht im Kofferraum den Koffer zu öffnen und die Anoraks und Stirnlampen zu finden. „Ich bleib draußen, nass bin ich schon", meint er, als er zumindest die Anoraks gefunden hat.

Ein starker Scheinwerfer taucht auf. Im Gegenlicht sehen wir erst, wie dicht die Tropfen fallen. In Gummistiefeln und mit Schirm bewaffnet taucht ein Camper auf, er kommt von den beiden einheimischen Monstertrucks. Wir finden gleich ein Thema: den abscheulichen Regen. „Die könnt ihr sicher brauchen", sagt er und reicht uns seine Lampe, ein großes, schweres Teil, mit dem man auch eine ganze

Baustelle ausleuchten könnte. Ganz sicher können wir die brauchen, weil ja all unsere Ausrüstung noch so verpackt ist, wie wir heute Mittag in Südafrika angekommen sind. „Holy shit! Heilige Scheiße! Da würde ich bis rauf ans Klo fahren und dort im Trockenen auspacken. Einfach die Straße rauf. Oder gleich im Klo übernachten. Das ist trocken. Uns stört ´s nicht und sonst ist keiner da." Damit stellt er uns die Lampe hin und stapft durch den Regen davon.

Wir fahren bis vor die Sanitäranlagen, brauchen dafür drei Anläufe, weil das Gras inzwischen vom Regen so aufgeweicht ist, dass die Autoreifen nicht mehr greifen. Dann hieven wir Koffer und Sporttasche ins Gebäude und packen aus. So abwegig die Idee, im Klo zu zelten, schien, so schnell freunden wir uns mit ihr an. Unser kleines Innenzelt passt genau zwischen die Waschbeckenreihe und die hintersten beiden Toiletten. Trockener als draußen bleiben wir hier allemal und eben ist es auch.

Wir haben noch nicht entschieden, ob eine Zeltnacht in der Toilette zu unserer Camping-Ethik passt, als wir Schritte hören. Gibt es doch noch weitere Campingplatzgäste? Der nette Camper steckt nochmal den Kopf zur Tür herein. „Abendessen in zwanzig Minuten. Bei uns. Wäre das in Ordnung für euch?" Ohne unsere Antwort abzuwarten, ist er schon wieder verschwunden. Wahrscheinlich ist der seelige Ausdruck, den das Wort „Abendessen" auf unsere Gesichter gezaubert hat, schon Antwort genug gewesen.

Als wir nach Mitternacht unser Zelt zwischen Waschbecken und Klo beziehen, sind wir von einem Drei-Gang-Menü satt und aufgewärmt von Wein und netten Gesprächen. Kein schlechter Start in den Urlaub! Die Camping-Ethik ist vergessen.

Lieber Lausbub

Mit Anlauf springt er in die Wasserpfütze am Weg, dass es nur so spritzt. Gut, dass wir einige Meter entfernt sind und der Dusche entgehen. So ein Lausbub! Wie ein Wilder rennt Bruno den Weg auf und ab. Pfützen ziehen ihn magisch an, aber auch das Versteckspiel in den kniehohen, regennassen Heidelbeerbüschen rund um die beiden Bergseen macht Spaß. Danach taucht er japsend wieder bei uns auf, schaut uns mit dunklen Unschuldsaugen an und jagt abermals davon. Es ist die pure Lebenslust! Oft ist er mit allen vier Pfoten in der Luft, die Schlappohren waagrecht im eigenen Fahrtwind.

Bruno ist ein Beauceron, ein Hirtenhund von der Größe eines Schäferhunds, mit dem Fell eines Dobermanns und dem Temperament eines Kugelblitzes. Bruno folgt aufs Wort. Aber nicht jedem. Definitiv nicht seinem Frauchen. Denn als wir an Brunos Zuhause, dem Rifugio Colbricon, vorbeigehen und nach dem Abstecher zu den Seen auf jenen Wanderweg einschwenken, der die Lagorai-Kette in vier bis fünf Tagen durchquert, da fordert sie ihn auf zu kommen. Bruno würde sicher aufs Wort folgen, hätte er es nur gehört. Aber bei dem Wind um die Ohren muss es ihm wohl entgangen sein, dass sein Frauchen ihm an die fünfzigmal nachschreit.

Die Hütte ist längst außer Sichtweite, da begleitet uns Bruno immer noch. Das geht natürlich nicht. Man kann nicht einfach mit wild Fremden mitgehen. Und wir können ihn nicht einfach so mitnehmen. Das ist ja wie Kindsentführung. Unser Weg wird uns in mehreren Tagen durch die Berge führen, immer weiter nach Westen, bis wir nach vier oder fünf Tagen an einem weit entfernten Pass ankommen. Einen pubertären Lümmel wie Bruno können wir auf dieser Tour nicht brauchen. Wir schicken ihn zurück. Wir jagen ihn bergab. Schimpfen. Strafen ihn mit Ignoranz. Aber in Sachen Dickschädel finden wir unseren Meister. Bruno bleibt uns. Mal jagt er mit fliegenden Ohren voraus, mal trabt er mit hängendem Schwanz beleidigt hinterdrein, mal geht er wie ein Vorzeige-Hund auf Armeslänge neben einem von uns her.

Hoffen wir anfangs, dass Bruno irgendwann ein Einsehen hat und an einem vorherbestimmten Ort, der nur uns noch nicht bekannt ist, von selbst umkehren wird, so schwindet diese Hoffnung immer mehr. Sollen wir unsere Pläne über den Haufen werfen und gemeinsam mit Bruno absteigen und ihn zuhause abliefern? Aber dann ist unser kompletter Zeitplan dahin. Aus vier Tagen werden fünf, der Proviant wird nicht reichen, wir werden die Tour zu einem späteren Zeitpunkt beenden müssen. Wollen wir das?

Längst liegt der Sattel zwischen Colbricon und Colbricon Piccolo hinter uns. Schritt für Schritt wurde der Ausblick besser und die Vegetation spärlicher. Vom Sattel ab tut sich jene bizarre Felslandschaft auf, die für die Lagorai typisch ist. Anders als die „richtigen" Dolomiten sind die „Dolomiti di Fiemme" aus vulkanischem Porphyr entstanden. An frischen Bruchstellen leuchtet das Gestein kräftig rot, im verwitterten Zustand sieht es schwarz aus und stellenweise wachsen knallig gelbe und grüne Flechten auf den Steinen. Unter dem tiefblauen Himmel eine Augenweide!

Die Wegführung der Translagorai bleibt gut geschützt nördlich unter dem Kamm, war er doch einst als österreichischer Militärpfad im 1. Weltkrieg ausgebaut worden. Überall dort, wo Markierungen und Steinmänner nicht schon von weitem den Verlauf anzeigen, sorgt Bruno für Klarheit. Die Nase immer im Wind macht er die Strecke fünffach: vor, zurück, vor, zurück, vor. Offiziell ignorieren wir ihn noch immer, insgeheim bewundere ich seine Ausdauer und seine Fähigkeiten als Alpinist.

„Ich seh das Aldo Moro!", höre ich nach gut vier Stunden. Hinter einer Geländekante steht das Bivacco Aldo Moro, benannt nach dem ermordeten italienischen Präsidenten. Diese erste Übernachtungsmöglichkeit könnte für den Lümmel doch ein guter Umkehrpunkt sein. Wenn er merkt, dass wir nach einer Brotzeit weitergehen, wird er vielleicht zur Einsicht kommen.

Zu dritt – Bruno begleitet uns – folgen wir dem Kamm nach der Pause weiter nach Westen. Bald schon kommt eine erste Felspassage, die mit Drahtseil versichert ist. Steigbügel helfen über die fast senkrechte Felsplatte hinab. Ich bin erleichtert, bedeutet das Hindernis doch, dass Bruno jetzt endlich den Heimweg antritt. Bestimmt machen sich seine Besitzer längst Sorgen.

Doch statt umzukehren, nimmt Bruno Anlauf, läuft die steile Felsplatte hinab, bis sie wirklich senkrecht wird, springt und landet ein paar Meter unterhalb in einem Altschneefeld. Schwanzwedelnd und mit schelmischem Gesichtsausdruck wartet er am Ende der Kletterstelle auf uns ... „Gell, da schaust", scheint er sagen zu wollen.

Auch nach der Kletterstelle ist das Tagesziel längst noch nicht erreicht. Wir müssen den höchsten Gipfel der Lagorai, die Cima Cece zur Hälfte umrunden. Nochmals drei Stunden und vor uns liegt eine urtümliche Gebirgslandschaft: ein wildes Kar mit flechtenbewachsenen Blöcken, massigen Gipfeln und der schlanken Felsnadel des Campanile di Cece. Bis zum Bivacco Paolo e Nicola ist es jetzt nicht mehr weit, wir können uns Zeit lassen. Nur Bruno pressiert es, er hat nahe des Biwaks ein paar Pferde gesehen. Welch Aufgabe für einen Hütehund!

Ein richtig geräumiges Holzhaus mit Ofen, Tisch und Bank erwartet den Gast in der Forcella di Valmaggiore. Bis auf fehlende Decken ist es perfekt!

Wir genießen den ruhigen Nachmittag. Vor allem nachdem unser Flegel ein paar Huftritte abbekommen und das Pferdehüten aufgegeben hat.

Mit Reisstampf und Wasser muss sich Bruno am Abend zufrieden geben. Ein Feinschmeckermenü ist das nicht, aber wer sich ungefragt einer Gruppe anschließt, hat eben keine Mitsprache bei der Speisekarte. Den ersten Teil der Nacht verbringt Bruno im Holzschuppen, doch dann erweichen sein Geheule und die eisigen Temperaturen unser Herz. Wir lassen ihn ins Haus und er darf neben dem Ofen schlafen.

Am nächsten Morgen schlägt Bruno den Weg ein, den er wohl am besten kennt: Kaum dass wir das Biwak verlassen haben, schießt er wie der Blitz talwärts. Wir blicken ihm nach und biegen dann auf den Höhenweg ein, der weiter nach Westen führt. Adieu Bruno!

Eine Viertelstunde später hören wir Brunos lautes Schnaufen. Er kommt mit großen Sätzen den Berghang herauf. „Geht's noch weiter?", scheint er fragen zu wollen.

2322 m, Cadinon. Eine unscheinbare Kuppe im Kamm. Doch hier knickt die Lagorai nach Südwesten um und auch der Weg beginnt für den Rest des Tages zu fallen, um am Rifugio Cauriol den tiefsten Punkt der Tour zu erreichen. Vorher teilen wir uns aber das letzte Croissant. Passendes Hundefutter ist das nicht. Aber wer hat Bruno schon eingeladen? Überhaupt, das Vieh frisst uns die Haare vom Kopf! Wir sind schon am Ende der vierten Etappe, zumindest was das Vernichten der Vorräte angeht.

Die nächsten zwei Stunden geht es über Gletscherschliff, verwunschene Mooraugen und steilen Hochwald hinab zum Rifugio Cauriol. Dort unten hört man es hämmern und klopfen, der Almer bessert gerade schadhafte Stellen am Gebäude aus.

Was wohl im Kopf des Hundes vor sich geht? Endlich mal richtig lang Gassi gehen? Ist es sein Schrei nach Freiheit? Lockt ihn der spannende Geruch der Gämsfährten und der Murmeltiere? Ist er glücklich? Oder einfach nur noch hungrig?

Hinauf zum Passo Sadole werden wir Bruno jedenfalls nicht mehr mitnehmen. Wären uns die zwei Tage Wanderer entgegengekommen, so hätten wir Bruno mit denen längst zurückgeschickt. Aber auch so ist am Rifugio Cauriol Schluss. Selbst mit Diät würden die Vorräte nicht für drei reichen. Unten an der Alm liegen zwei Hunde auf der Wiese, während der Almer den Zaun ausbessert. Wir nehmen Bruno am Halsband und steuern auf die Hütte zu. Mit vielen Worten erklären wir dem Almer unsere Situation. Doch der schaut skeptisch, er schüttelt den Kopf. „Was sollen wir denn machen? Wir können ihn doch nicht verhungern lassen." Noch immer hat der Almer außer dem Gruß nichts gesagt. Ich rede und rede. „Ich nehm ihn nicht", sagt er dann.

Hilfesuchend blicke ich ihn an. Bruno sitzt wie ein Unschuldslamm zu meinen Füßen. Da bückt sich der Almer, greift an Brunos Hundemarke und liest sie. „Bruno", sagt er. Dann seufzt er. „Das ist jetzt das dritte Mal heuer, dass ich ihn nach Hause fahre."

Pinkelpause

Das Gelände der Autobahnraststätte ist riesig und die Toiletten sind am äußersten Ende. Trotzdem mache ich mich auf den Weg. Bewegung tut nach der Fahrt gut und uns stehen nochmals fünf bis sechs Stunden Autobahn bevor.

Die Damentoiletten sind fast gespenstisch leer. In Kabine zwei liegt auf der großen runden Trommel der Papierrolle eine dunkelbraune Brieftasche und darauf ein Smartphone in der Hülle. Das muss meine Vorgängerin hier vergessen haben. Ich beeile mich und scanne beim Rückweg jedes Auto, ob nicht eine Frau hektisch suchend am Kofferraum steht, an einem der Sitze oder gar zurück Richtung Toilettengebäude läuft. Nichts. Niemand scheint die Brieftasche und das Telefon zu vermissen, die ich demonstrativ vor mir hertrage.

Zurück am eigenen Auto präsentiere ich meinen Fund und alle gemeinsam gehen wir den Inhalt der Brieftasche durch. Mein Gott, die arme Frau! Wir haben alles: ein dickes Bündel Geldscheine, Personalausweis, Führerschein, Versicherungskarte, mehrere Kreditkarten und Dutzende Kundenkarten. Dazu Merkzettel, Arzttermine und so weiter. Das Handy ist an, aber mit Pin-Code geschützt. Was sollen wir tun? Alles zusammen an der Raststätte abgeben? Aber wer sagt uns, dass Miriam – so heißt die Besitzerin der Brieftasche – sofort weiß, wo sie alles verloren hat? Wer sagt uns, dass sie nicht erst in Rom oder auf Sizilien merkt, dass sie und ihre Ausweise tausend Kilometer getrennt sind? Wer sagt uns, dass an der Raststätte nur ehrliche Menschen Dienst tun?

Ratlos suchen wir nach einer Möglichkeit, mit der jungen Frau Kontakt aufzunehmen. Aber wie? Mit all ihren Ausweisen und Karten können wir ihren Wohnort von drei auf zwei und dann auf einen Ort eingrenzen. Wir recherchieren mit den eigenen Handys im Internet nach einem Telefonkontakt. Sie selbst können wir auf die Schnelle nicht finden, aber immerhin drei gleichnamige Festnetzanschlüsse im richtigen Ort. Leider bringen sie uns nicht weiter: Entweder es ist niemand zuhause oder man kennt Miriam nicht. Die einzige Person, die wir am Freitagabend dann doch ans Telefon bekommen, ist ihre Krankengymnastin, bei der die junge Frau am Montag um 16 Uhr einen Termin hat. Doch die kann uns auch nicht weiterhelfen: Mehr als den Namen, eine Handynummer und eben den Termin hat auch sie nicht.

Schließlich rufen wir bei unserer heimatlichen Polizeistation an, melden den Fund und fragen dort um Rat. „Nehmen Sie alles mit und wenn Sie in drei, vier Tagen wieder zuhause sind, geben Sie es bei uns ab, dann kümmern wir uns darum."

Was bleibt uns anderes übrig! Wir setzen die Fahrt fort, auch wenn die Gedanken bei der jungen Frau bleiben.

„Wo sie jetzt wohl ist?"

„Hat sie`s schon gemerkt?"

„Wo fährt sie hin?"

„Ist sie mit der Familie unterwegs? Oder mit Freunden? Oder allein?"

„Fährt sie in den Urlaub? Oder nur fürs Wochenende?"

„Nein, Urlaub kann nicht sein, am Montag muss sie zur Krankengymnastik."

Wir kennen sie nicht, aber ein wenig kennen wir sie eben doch. Wir wissen, wie sie heißt, wie alt sie ist, wo sie geboren wurde und wo sie heute vermutlich wohnt. Wir wissen, wie sie aussieht, wo sie einkauft, was wichtig genug ist, um sich eine Kundenkarte ausstellen zu lassen. Wir wissen, was sie in der Brieftasche dabei haben will und was fehlt.

Während wir weiter nach Süden fahren, summt und brummt das gefundene Handy. Whatsapp-Meldung nach Whatsapp-Meldung kommt herein. Im Minutentakt. Für die Kontaktaufnahme hilft uns das nicht weiter. Aber zum Bild der Unbekannten scheint es eine weitere Facette beizusteuern.

Einige Kilometer weiter erklingt ein neuer Benachrichtigungston. Dieses Mal erscheint ein SMS am Display und wir sehen den Nachnamen und einen Spitznamen der Absenderin. Vielleicht bringt uns das weiter? Wir recherchieren im Telefonbuch mit Miriams Wohnort und dem neuen Nachnamen. Nichts. Aber bei Facebook werden wir mit Nachnamen und jenem Vornamen fündig, der zum Spitznamen passt. Jetzt haben wir einen Wohnort und finden nun eine Telefonnummer heraus. Es ist sogar jemand zuhause. Erst sprechen wir mit dem Partner und schließlich bekommen wir auch die SMS-Senderin ans Telefon.

Ja, Miriam ist unterwegs zu einem Wochenende am Gardasee. „Da hab ich sie hingeschickt." Das Hotel sei reserviert und bezahlt. Das wäre kein Problem. Und dort wird sie auch gleich anrufen, um Miriam ausrichten zu lassen, dass ihre Brieftasche und ihr Handy gefunden wurden. Aber bevor Miriam dort nicht eintrifft, haben wir keine Chance Kontakt mit ihr aufzunehmen.

Mehr können wir im Moment nicht tun. Immerhin heute Abend wird sie wissen, dass Brieftasche und Handy in guten Händen sind und sie sich keine Sorgen um die verlorenen Wertgegenstände machen muss.

„Da hab ich sie hingeschickt." Der Satz geht uns auf den nächsten Kilometern nicht mehr aus dem Kopf. Haben wir mit Miriams Chefin telefoniert? Fährt die junge Frau auf ein Meeting oder ein Wochenendseminar? Unsere Vorstellungen schwanken zwischen Pharmareferentin bis zu IT-Expertin, die Kontakt mit den Partnern in Italien knüpft.

Drrrr, drrrrr. Ein Handy klingelt und reißt uns aus unseren Spekulationen. Miriams Handy. Wir nehmen das Gespräch an. Ein italienischer Polizeibeamter ist in der Leitung. Nach ein paar Sätzen gibt er an Miriam weiter. Ja, wir haben Handy und Brieftasche. Wir hatten Kontakt mit der SMS-Bekannten, wir sind auf dem Weg in den Süden und können alles am Dienstag zur Polizei bringen oder zu Miriam schicken. Oder auch jetzt eine Übergabe machen, wenn das nötig ist.

Miriam ist auf Brieftasche und Handy angewiesen, sie möchte sie gern gleich noch abholen – wo auch immer. Mit Hilfe des Carabinieri vereinbaren wir einen gut zu findenden Treffpunkt am Südende des Gardasees. Hier warten wir eine gute halbe Stunde auf Miriam – Zeit für weitere Spekulationen. Sieht sie so aus wie im Passbild? Welches Auto fährt sie? Wie ist sie bei der Polizei gelandet?

Es ist schon dunkel, als Miriams Auto in den Parkplatz einbiegt. Unser Kennzeichen hatten wir ihr durchgegeben, wir sind nicht zu übersehen. In den kommenden Minuten lösen sich die Rätsel und die Geschichte wird zugleich noch eindrücklicher.

Nach der Pause in der Raststätte war ihr der Verlust von Handy und Brieftasche überhaupt nicht aufgefallen. Erst an der Autobahnausfahrt, an der der Mautbetrag fällig wurde. Den konnte sie ohne Geldbeutel oder Karte nicht bezahlen. Der Autobahnbetreiber rief die Polizei und von den Carabinieri wurde sie zur nächsten Wache eskortiert. Hier versuchte sie den Polizisten ihre Situation zu erklären – so gut das eben ging ohne Italienisch und ohne Englisch- oder Deutschkenntnisse auf Seiten der Polizisten. Der zuständige Polizeibeamte hatte die Idee, doch ihr Handy anzurufen, in der Hoffnung jemand habe es gefunden. Zwischen Erleichtungstränen und echten Tränen schwankend erzählt die Frau die Geschichte aus ihrer Sicht. Dann sei ja alles gut jetzt, beruhigen wir.

„Meine Freundin hat mich nur deshalb fürs Wochenende hierher geschickt, weil ich mich heute Morgen von meinem Lebenspartner getrennt hab. Deshalb hab ich ja wahrscheinlich die Brieftasche und das Handy verloren. Ich war mit den Gedanken ganz woanders."

Indische Hochzeit

„Schon Jahre vorher überlegt man und sieht sich nach jungen Männern um, die passen könnten. Man trifft die Familien, man hält Kontakt, beobachtet aus der Ferne. Mal ehrlich, wer kennt die jungen Leute besser als ihre Eltern? Wenn alles passt, geht man noch zu den Sterndeutern und lässt sich ein Heiratshoroskop machen. Nicht so eines, wie sie in der Zeitung stehen. Ein richtiges. Mit allen wichtigen Daten und Konstellationen. Wenn das auch in Ordnung ist, dann erst wird geheiratet."

Alles war in Ordnung. Der junge Mann passte, er kam aus gutem Haus, die Sterndeuter hatten vor langem schon Eheglück versprochen. Glückverheißende Termine waren fixiert. Nur die Braut machte sich aus dem Staub. Jetzt ist sie standesamtlich mit einem jungen Mann verheiratet, der nicht in die Auswahl der Eltern kam. Seine Familie hat die falsche Religionszugehörigkeit, kommt aus der falschen Gesellschaftsschicht und aus dem falschen Bundesstaat.

Für die Eltern der Braut könnte es kaum schlimmer kommen. Über Jahre hinweg wird man hinter vorgehaltener Hand über den Skandal tratschen. Sie können von Glück sprechen, dass sie keine zweite

Tochter zu verheiraten haben. Söhne sind da einfacher.

Die standesamtliche Trauung fand im Geheimen statt, ohne das Wissen der Brauteltern und in aller Eile. Denn auch die Familie des neuen Ehemanns hat einen Ruf zu verlieren. Delhi mag in dieser Zeit sechs Millionen Einwohner haben, aber der soziale Druck ist hoch, von der sprichwörtlichen Anonymität der Großstadt ist auch Indiens Hauptstadt weit entfernt. Nach dem Standesamt soll es aber ein richtiges Hochzeitsfest geben. Schließlich – so auch die Überzeugung der neuen Schwiegereltern – heiratet man nur einmal.

Über Wochen hinweg wird organisiert: Ein günstiger Termin im Frühjahr wird ausgewählt, die Gästeliste wird erstellt, ein Festzelt für 400 Personen bestellt, Catering gebucht und eine Band. Das Hochzeitsvideo muss noch in Auftrag gegeben werden und die Karten von der Druckerei kommen. Was sich sonst auf die Schultern von zwei beteiligten Familien aufteilt, lastet jetzt komplett auf der Bräutigamseite.

Der Termin rückt näher. Fünf Tage sind es noch bis zur Hochzeit. „Ab heute Nacht muss ich ausziehen", sagt Divya zu mir. Die ersten Gäste aus dem großen Kreis der Familie des Mannes treffen ein. Das Haus des Bräutigams wird jetzt von Tag zu Tag voller. Auch wenn die beiden längst verheiratet sind, gilt es als unschicklich, wenn man Braut und Bräutigam vor der Hochzeit bereits zusammen sieht. Ist es im

Westen unglückverheißend, wenn der Mann das Brautkleid vorab zu Gesicht bekommt, so gilt das in Indien gleich für die ganze Braut. Im weiten Bekanntenkreis wurde deshalb eine Familie gefunden, die für die paar Tage bis zum Fest als Brautelternersatz einspringt. Eine verlässliche Familie mit gutem Ruf, aber ohne Verbindung zu den wahren Brauteltern und entsprechend auch ohne moralische Verpflichtungen.

Freitagmorgen. Der letzte Tag vor dem großen Tag. Früh morgens schleichen sich Bräutigam, Schwiegermutter, Schwägerin und ich aus der bereits vor Gästen berstenden Wohnung. Wir holen Divya bei den falschen Eltern ab und fahren in den Schönheitssalon. Die Vorbereitungen für das Hochzeits-Makeup beinhalten vor allem Gesichtsmasken und Haarentfernung. Über das Idealbild der schönen Braut gibt es in Indien wenig Zweifel. Das Makeup ist üppig, betont die Augen, die Gesichtshaut ist rein, die Augenbrauen eine feine, geschwungene Linie, der Haaransatz ist gerade und Arme und Beine sind haarlos.

Der Salon ist einfach ausgestattet. Ein düsterer Raum ohne Schmuck, in dem ein großes niedriges Ehebett steht, das als Sitzgelegenheit und Arbeitsplatz dient. Als Utensilien hat die Schönheitspflegerin eine Rolle Zwirn bereit gelegt, ein Messer, ein Stück alten Unterrock und einen Topf mit Wachs sowie Creme.

So primitiv die Ausstattung wirkt, so professionell geht die junge Frau an die Arbeit. Gesichtsmaske. Einwirken lassen. Mit einem Küchenmesser mit breiter Klinge trägt sie einen Streifen flüssiges, heißes Wachs auf ein Schienbein der Braut auf, reißt eine Bahn Stoff aus dem Unterrock, streicht sie aufs Wachs, reißt an und trägt mit dem Messer bereits die nächste Wachsschicht auf.

Für Augenbrauen, Wangen und Haaransatz rollt sie ein Stück Zwirn ab, hält ein Ende mit den Zähnen fest, schlingt sich eine Schlaufe um Daumen und Zeigefinger der linken Hand, dreht den Faden mehrmals ein und nimmt das andere Ende in die rechte Hand. Mit schnellen Bewegungen von Kopf und beiden Händen lässt sie die zwei Fädenstränge gegeneinander arbeiten, zieht die Härchen in den verzwirbelten Bereich des Zwirns und reißt sie aus. Wie sie so mit Kopf und Händen über Divyas Gesicht auf- und abfährt, wirkt sie wie ein Staubsauger.

Nach und nach ist es auf dem Bett voll geworden. Zu Divya, Schwiegermutter, Schwägerin, deren Säugling und mir lagern ein kleines Mädchen, zwei älteren Damen und eine Nachbarin auf dem Bett. Immer wieder sah jemand zur Tür herein und blieb. Vier Schülerinnen der Schönheitspflegerin stehen um uns herum und irgendjemand hat einen Hund mitgebracht.

Nach zwei Stunden verlassen wir den Salon. Die Schwägerin soll uns nun helfen, auf einem der angesagten Märkte die noch fehlende Hochzeitsausstattung zu kaufen.

„Weißt du was? Ich hab jetzt keine Lust mehr. Den Rest erledigen wir später. Wir sehen zu, dass wir meine Schwägerin los werden und dann besuchen wir Florence. Der muss ich noch eine Einladung bringen." Studienfreundin Florence lebt in einem kleinen Dorf, einem abgeschlossenen, illegalen „Slum", das um eine ebenso illegale Kirche in den Randbezirken Delhis entstand. Vom Morgentee abgesehen gab es noch nichts zu essen heute, wir bleiben also zum Mittagessen.

„Sonia habe ich auch noch nicht eingeladen", stellt Divya auf der Fahrt zurück zum Markt fest. Sie macht den Rikschafahrer mit einer Geste darauf aufmerksam, dass es ein neues Ziel gibt.

Zum Brautschmuck gehört auch die Verzierung der Hände und Füße mit Hennapaste, das sogenannte Mehndi. In eine Spritztülle gefüllt zeichnen künstlerisch begabte Frauen grafische Muster auf die Handaußen- und innenflächen und auf die Füße. Nach einer halben Stunde ist die Masse bei den hiesigen Temperaturen angetrocknet. Dann wird sie mit einem in Zitronen-Zuckerwasser getränkten Wattebausch bestrichen und wirkt nochmals zwei bis drei Stunden ein. Die Haut ist so für einige Tage mit kräftigem Rot verziert, bis das Henna dann nach und nach verblasst. Profis arbeiten von zu Hause aus, sie werden von Frau zu Frau weiterempfohlen.

Wir hätten uns vormittags darum kümmern sollen, denn einen festen Termin haben wir nicht vereinbart.

Auf einem Zettel hat Divya zwei Adressen notiert. Nach dem Besuch bei Sonia bringt uns ein Rikschafahrer zur ersten, dann zur zweiten Adresse. In beiden Fällen warten wir vor verschlossenen Türen vergeblich. Nun bleibt nur noch „Mehndi von der Stange". Im Stadtzentrum hat sich rund um den großen Tempel ein Markt gebildet, der alle Bedürfnisse von Braut und Bräutigam abdeckt: Buden und Stände mit Hochzeitsbekleidung, mit falschem Schmuck, mit Zierschwertern, mit Turbanen in Rosa, mit Blumenschmuck und Hochzeitssüßigkeiten. In den Randbereichen des Markts sitzen am Gehsteig auch etliche Frauen, die sich auf die Hennamalerei spezialisiert haben. In Mappen mit Beispielmustern zeigen sie die zur Auswahl stehenden Designvorschläge.

Zwei Minuten benötigt eine routinierte Zeichnerin für eine Handfläche. Da tickt im Vergleich die halbe Stunde zum Antrocknen schon langsamer. Nach einer Stunde dürfen wir aufstehen. Aber was nun? Unsere Hände sind bis zum Ellbogen mit Henna verziert, es muss noch mindestens zwei Stunden einwirken, soll die Prozedur nicht umsonst gewesen sein. In dieser Zeit können wir nichts anfassen, da die Paste alles außer Keramik und Metall einfärbt und hartnäckige Flecken hinterlässt. Divya hat zudem die Hosenbeine ihrer Jeans bis zu den Knien hochgekrempelt und ist barfuß.

„Jetzt brauch ich noch ein Hochzeitskleid", stellt Divya fest. Und falschen Schmuck. Barfuß und mit abgespreizten Armen und Fingern betreten wir die Budenzeile des Hochzeitsmarkts. Die anderen Kunden halten gebührend Abstand, niemand möchte sich die Kleidung mit der Hennamasse versauen. Ein alter Mann am Krückstock wird von seiner Frau geführt. Amüsiert mustert er Divya. „Schau, die heiratet. Und da läuft sie noch so herum." Er hört wahrscheinlich schon schlecht und spricht lauter, als er denkt. „Weißt du noch, bei uns damals ..."

Der Markt ist aufgebaut wie jeder orientalische Markt: Läden mit ähnlichem Angebot sind im gleichen Areal zusammengefasst. So stehen wir bald in der Mitte der zwei Meter breiten Ladenstraße und lassen uns von zwei Läden gleichzeitig von rechts und von links passende Hochzeitsröcke und -oberteile zeigen. Die Menschenmenge schiebt sich in der Zwischenzeit auf beiden Seiten an uns vorbei.

Es dämmert schon, als uns ein roter Rock eingepackt wird, der aus mehreren Lagen leichtem Stoff besteht und mit Goldborte und Goldornamenten überreich verziert ist. Dazu ein fast durchsichtiges, goldfarbenes Tuch. Eine Straße weiter bekommen wir den schwarzen Haardutt, den die Schwiegermutter auf die Liste gesetzt hat. Er soll die Zukünftige ihres Sohnes größer wirken lassen. Jetzt noch schwarzrote Kordeln. Sie werden ins Haar geflochten. Bei Divyas momentanem Kurzhaarschnitt wird das zwar nichts werden, aber auf der Liste stehen sie. Nochmals ein Stück weiter kaufen wir Ohrringe, Nasenringe, Armreifen und Ketten aus Goldimitat. Dieser Hochzeitsschmuck wird nach Gewicht gekauft. Hauptsache viel. Wir sollen eine große Plastiktüte voll mitbringen.

Bis alle Einkäufe erledigt sind, ist auch die Hennapaste eingewirkt und wir können zu den Ersatzeltern nach Hause fahren und endlich duschen. Erst danach haben wir wieder je zwei Hände zum Einsatz.

Traditionelle Hochzeitskleider sind in Indien second-hand. Warum viel Geld ausgeben für ein Stück, das man nur einmal im Leben trägt? Denn auch wenn Ehen für sieben Leben geschlossen werden – die Seele mag wandern können, der Rock nicht. Bei der Anprobe stellen wir fest, dass der eben gekaufte Rock schon zu viele Frauen auf den Weg ins Eheglück begleitet hat. Zu oft der Schweiß der Aufregung, zu viele Mütterhände, die hier und da zupften, zu viele Umrundungen des heiligen Feuers. Von allem zu viel. Zunächst versuchen wir das Stück noch gutzureden. Letztlich ist eine indische Hochzeit viel Show. Aber je länger wir den Kauf im Licht des Schlafzimmers betrachten, desto deutlicher fällt das Urteil aus: So nicht. Vor allem nicht, wenn die Braut ohne Brauteltern zur Hochzeit erscheint und ohne

Familie und damit der eine oder andere Gast kritischer hinsieht als sonst.

Ein traditionelles Hochzeitskleid in besserer Qualität bekommen wir um diese Uhrzeit nicht mehr. Woher auch? Mit welchem Geld? Ein Sari muss her. Davon hat jede indische Frau ein Dutzend im Schrank. Ein Sari in einer Hochzeitsfarbe. Rot, dunkelrot, dunkelpink. Schön soll er sein. Und kosten darf er nichts. Familienangehörige von Divya können wir nicht um Hilfe fragen. Da herrscht eisiges Schweigen. Der Bräutigamswahl der Eltern widersetzt man sich nicht!

Der Rikschafahrer, der uns nun durch Delhi kutschiert, macht das Geschäft des Lebens mit uns. Wir lassen ihn vor der Tür warten, während wir eine Familie nach der anderen abklappern. Den Müttern von Divyas Schulfreundinnen, von ihren Studienkollegen und Bekannten steht das Entsetzen ins Gesicht geschrieben, wenn sie verstehen, dass die junge Frau am Vorabend der Hochzeit ohne Sari dasteht. Ja, wenn halt die helfende Hand der Mutter fehlt!

Unsere nächtliche Odyssee durch Delhi wird eine Einführung in dreißig, vierzig Jahre indische Brautmode. Doch einmal hängt der Saum, einmal ist die Farbe nicht mehr in, einmal fällt der Stoff nicht schön, dann gibt es keine passende Bluse. Der Sari ist ja für jede Trägerin gleich geschnitten, aber die Bluse muss passen. Natürlich geht es auch nirgends ohne ein Glas Wasser, eine Tasse Tee und ein paar höfliche Worte.

„Das ist unsere letzte Chance, dann weiß ich niemanden mehr, den ich fragen könnte." Letzte Chance hat vor 25 Jahren in einem rosa Sari mit Silberstickereien geheiratet. Der war sicher einmal der letzte Schrei. Wir stehen zu dritt vor dem Wandschrank im Schlafzimmer. „Und der?", fragt Divya und zeigt auf eine dunkle Stoffbahn, die ganz rechts über einen Kleiderbügel hängt. „Ja, den kann ich dir auch leihen, wenn du willst." Klassisch und wunderschön ist dieser Seidensari. Tiefrot mit einer gelben und blauen Abschlussbordüre. Wir haben ihn gefunden, den Hochzeitssari für morgen!

Während wir uns verabschieden, kommt Divyas Studienfreund nach Hause. Er hört sich die Geschichte an, mustert den roten Sari seiner Mama. „Vielleicht hab ich noch etwas Besseres", verspricht er.

Wieder bringt uns die Rikscha durch die nächtlichen Straßen. Bei der Familie eines Freundes des Freundes erklären wir unser Problem. Zum wie vielten Mal an diesem Abend? Der junge Mann dort saust los, nach nur fünf Minuten ist er zurück. Sechs Meter schwerer weinroter Stoff hängt über seinen Arm. Seide, von Goldfäden durchwirkt. Ein topelegantes Modell, es fällt in perfekten Wellen. Das ist der Sari, den Divya morgen tragen wird.

Der große Tag ist bereits angebrochen, als wir zurück im Haus der Ersatzeltern sind. Aber jetzt ist endlich alles geregelt, scheinbar: „Was ziehst du eigentlich morgen an?", fragt mich da die Braut.

Der letzte Bus

Leicht fällt es nicht, sich von diesem Traumstrand loszureißen. Die Wellen kommen beständig, aber ohne besondere Wucht in die Bucht, das Meer ist von tiefblauer Farbe und sauber, das Wasser jetzt im September noch warm, die Luft sogar spätsommerlich heiß und der Strand gehört uns ganz allein. Trotzdem wollen wir als Lehrer mit gutem Beispiel vorangehen und zur vereinbarten Zeit oben an der Bushaltestelle sein.

Der Nachmittag am Strand war ein kleiner Trost für die 29 Kollegiaten gewesen, nachdem die Fahrt zum Vesuv wegen der Erdrutsche der vergangenen Woche hatte ausfallen müssen. Halb Europa hatte unter dem Unwetter gelitten, selbst der Brenner war gesperrt worden, so dass unsere Studienfahrt nach Neapel bis zuletzt zweifelhaft war und wir am Treffpunkt in Rosenheim nicht einmal sagen konnten, ob wir uns nicht im Laufe des Abends alle wieder abholen lassen müssten und die Fahrt entfallen würde.

Schließlich waren wir trotzdem an unserem Campingplatz südlich von Neapel angekommen. Unser Programm war straff, zu sehen gibt es viel rund um Neapel, für Geographen ganz besonders. Dass wir nur eine knappe Woche Zeit hatten, ließ sich nicht ändern. Dass wir auf öffentliche Verkehrsmittel angewiesen waren, machte uns nicht schneller.

Für die Besichtigung der Amalfiküste bedeutete das, dass wir unsere Gruppe tags zuvor beim Verkehrsverbund anmelden mussten. „Ah, difficile!", zuckte unser Campingplatzbesitzer entschuldigend die Schultern. Freilich würde er für uns anrufen. Aber ... Seine weitausholende Geste umfasste die ganze Welt, jedenfalls das Universum der Bürokratie Italiens und sein betrübter Blick sagte mehr als selbst ein Süditaliener in Worte fassen kann. Am besten, wir wären zwischen 8 und 9 Uhr an der Bushaltestelle oben am Bahnhof. Um die Uhrzeit sind die Berufstätigen schon weg und die Touristen noch nicht da. Und zurück von Amalfi nach Sorrent wären wir ja zeitlich flexibel.

Über die Berge kurbeln wir also zur Amalfiküste. Der Bus ist gut voll mit unserer 30er Gruppe, aber immerhin bekommen die meisten einen Sitzplatz. Amalfi selbst ist ein bunter Traum, italienisches Mittelmeer wie aus der Werbung. Ein Wunsch allerdings bleibt offen: Wo können wir schwimmen gehen? Eine Woche italienische Küste und nie im Meer gebadet? Unmöglich.

Einer der freundlichen Busfahrer hilft uns mit dem entscheidenden Tipp. Wenn es uns in Amalfi selbst zu voll und kommerziell wäre, dann gäbe es entlang der Küstenstraße nach Sorrent ein paar Geheimtipps: gleich nach fünf Minuten Fahrt einen großen Strand mit Kneipe und Booten und nach zehn Minuten eine wilde, einsame Bucht. Der Weg hinunter sei nicht gut, aber man könne gleich von der Haltestelle direkt zum Meer hinunter. „Und ihr seid ja jung. Wir waren da immer als Kinder unten. Das war unser Strand!" Seine Augen blitzen vor Freude an die schönen Erinnerungen. Ja, da wollen wir hin.

An der richtigen Bushaltestelle gibt er uns Zeichen, wir steigen im Niemandsland aus und erobern die wilde Bucht. Für die Rückfahrt haben wir vereinbart, dass wir zwischen vier und halb fünf Uhr an der Bushaltestelle sein wollen und in kleinen Grüppchen selbständig die dreißig Kilometer nach Sorrent fahren. Denn das hatte uns der Fahrer ans Herz gelegt: „Nachmittags kann es etwas voller sein im Bus."

Vorbildlich melden sich die ersten Schüler vor vier Uhr schon ab. Sie kraxeln über den Pfad durch die Macchia hinauf Richtung Straße und werden den 4-Uhr-Bus nehmen. Eine halbe Stunde später kommen wir mit dem Großteil der Schüler ebenfalls an der Bushaltestelle an.

„Der war voll und ist gleich weitergefahren," berichten die Kollegiaten, die den Strand als erste verlassen haben. Aber wir dürfen uns nicht beschweren, schließlich hatten wir heute Morgen auch unangemeldet einen Bus fast komplett aufgefüllt. Wir würden eben mit dem 4:30-Bus fahren. Ein paar Minuten später tauchen die Umrisse eines Buses im nahen Tunnel auf, er wird langsamer vor der Haltebucht, denn deutet der Fahrer nach hinten und rollt ohne zu halten an uns vorbei. Auch dieser Bus ist zum Bersten voll.

Dann eben der nächste. Halb fünf, da ist vielleicht Berufsverkehr. Eine halbe Stunde warten, so schlimm ist das nicht. Nur die besonders Gewissenhaften, die dann eine volle Stunde in der Hitze warten mussten, tun mir leid.

„Der nimmt uns mit!", beteuern wir den Schülern gegenüber, auch wenn wir nicht wissen, ob das stimmt. Die Stimmung schwankt zwischen Unmut, Resignation und Sorge, gemischt mit Hunger, Durst, Klo und - vereinzelt - dem Wunsch nochmal zum Baden an den Strand zu gehen.

Halb sechs. Der nächste Bus. Ohne zu halten fährt er durch. Allmählich wachsen unsere Bedenken. Was, wenn auch die nächsten Busse durchfahren? Wann kommt der letzte? Wie kommen wir heim? Und wann?

Die halben Stunden werden immer länger. Um sechs Uhr rollt der nächste Bus heran. Er ist genauso voll wie die Busse um vier Uhr, um halb fünf, um fünf und um halb sechs. Bernhard und ich halten eine Krisenkonferenz. Irgendwie müssen wir zurückkommen. Wer weiß denn, ob die nächsten Busse

Platz haben? Irgendwann wird es dunkel. Dann stehen wir an einer Haltestelle im unbewohnten Küstenabschnitt, dreißig Kilometer von Sorrent entfernt.

„Immer zu zweit. Wir versuchen´s per Anhalter," gibt Bernhard den Schülern unseren Entschluss bekannt. Weil wir aber zu dreißigst von der Bushaltestelle nie wegkommen, gehen die ersten Pärchen Richtung Sorrent los. Jeder klapprige Kleinwagen auf der Küstenstraße wird zum Hoffnungsschimmer. Ich ordne mich unter das erste Drittel der auf der Küstenstraße wandernden Schülergruppen. Bernhard wird den Schluss bilden. Ob die Aktion gut geht?

Nach einigen Kurven fährt ein erstes Auto an mir vorbei, auf der Rückbank sehe ich zwei bekannte Gesichter. Nur noch 29, die eine Mitfahrgelegenheit brauchen.

Ich positioniere mich am Ende der ersten Geraden; so viele wird es auf der Küstenstraße nicht geben. Weitergehen macht daher keinen Sinn, hier ist ein guter Platz zum Halten und die dreißig Kilometer würde ich zu Fuß sowieso nicht vor Einbruch der Dunkelheit schaffen. Gleich das zweite Auto hält. Die beiden alten Männer mit Pastabäuchen und weißen Unterhemden unter den zerschlissenen Hemden nehmen mich mit. Die Fenster des Cinquecento haben sie heruntergekurbelt, so zieht der Zigarettenrauch besser ab. „Sorrento?" Ja, sie fahren zurück nach Neapel, da lassen sie mich in Sorrento heraus.

Wir tuckern an der Küste entlang. Blau ist das Meer, die Küste ein Traum, aber ich habe vor allem Angst um meine Schüler. Sie sind klug, ja. Aber sind sie auch schlau? Von der Autopanne über den Unfall auf der kurvigen Straße bis zur Entführung durch die Mafia kann alles passieren und je langer die Fahrt dauert, desto wahrscheinlicher erscheint es mir.

„Da, der ist gut!" Die beiden Männer haben irgendetwas am Straßenrand entdeckt und halten. Warnblinkanlage, fertig. Dann überqueren sie die Straße und sammeln unter einem großen Johannisbrotbaum die Fruchtschoten auf. Eine ganze Tüte voll. Als wir weiterfahren, bieten sie mir von den Samen an. „Kann man essen. Bei uns isst man die." Sie beißen selber von den Schoten ab. Ich versuche aus Höflichkeit eine und weiß hinterher nicht, ob mir von der kurvigen Strecke, dem verrauchten Auto, der Johannisbrotbaumschote oder der Tatsache, dass meine 29 Schützlinge auf einer süditalienischen Landstraße verteilt sind, schlecht ist.

Als ich das Tor zum Campingplatz passiere, bin ich jedenfalls erst die dritte unserer Gruppe. Von den Tischen bei der Rezeption habe ich den Eingang im Blick. Für die nächsten vier Stunden bewege ich mich nicht mehr weg. Pärchenweise tröpfeln die Schüler herein. Durstig, verschwitzt, sonnenverbrannt, hungrig, erschöpft die einen, erleichtert die anderen und kichernd die dritten. Zu erzählen hat jeder etwas. Einer kommt allein, weil in dem anhaltenden Auto nur noch für einen Platz war. „Ich bin 1,85 und die Italiener sind ja alle klein," so seine Logik. Ein Dreiergrüppchen erzählt, dass sie schnell mitgenommen wurden. Sie hatten das Mädchen (die hübscheste des Kurses) „getunt" und als Anhalterin an den Straßenrand gestellt. Als das erste Auto hielt, waren die beiden Burschen aus dem Gebüsch gesprungen.

Es dämmert. Die meisten sind inzwischen angekommen. Aber eine Handvoll fehlt noch. Die Campingplatzbesitzerin hat mir ein Glas Klaren auf den Tisch gestellt: „Professoressa! Sorgen Sie sich nicht. Die kommen schon."

Es ist dunkel. Drei Schüler gehen noch ab. Wo sind die? Zwei kommen abgekämpft zum Tor herein. Sie haben ein Dutzend Autos gebraucht und mussten die letzte Dreiviertelstunde zu Fuß gehen. Niemand hat sie mehr mitgenommen auf den nächtlichen Straßen. Einer fehlt. Ausgerechnet. Ich mache mir Vorwürfe. Genau den hätten wir nicht allein lassen dürfen.

Gerade als wir planen, wie wir die Suchaktion angehen, wandert er durchs Tor, tiefenentspannt wie immer. „Ich bin an der Bushaltestelle geblieben. Die nächsten Busse waren auch alle voll. Aber der letzte war fast leer. Der hat mich mitgenommen."

Nordisch extrovertiert

Eines der letzten wirklich warmen Wochenenden des Jahres wird es werden und ich bin voller Vorfreude auf Oslo. Den Flughafen kenne ich in- und auswendig, doch in der Stadt war ich noch nie. Ich freue mich auf die Salzluft und die beiden Tage am Meer, auf altehrwürdige Häuser und supermoderne Bauwerke, auf das Parlamentsgebäude und die Neue Oper, vor allem aber auf die Kühle und Unaufgeregtheit der Norweger.

Liebe auf den ersten Blick war Norwegen nicht. Zu viel hatten mir Freunde und Bekannte vor meiner ersten Reise vorgeschwärmt: immer zartes, nordisches Licht, weite Landschaften, unberührte Natur, tausende Kilometer mit Wasserfällen, Gletschern, Meer. Doch schon der erste Anflug über Südnorwegen nach Oslo zeigte eine von großen Straßen und Stromleitungen zerschnittene Waldlandschaft, kleinteilig und zersiedelt. Keineswegs hässlich, aber eben auch nicht so schön wie erwartet. Der Flughafen eine Baustelle, die Weite Norwegens bei den ersten Besuchen wie schon der Flughafen ebenfalls eine weite Baustellenlandschaft, die die E6 mehrspurig werden ließ und nach und nach mit Tunnels und durchschnittenen Hügelketten die große Verkehrsachse in den Norden komfortabler machte. Im März standen die Baumaschinen regelmäßig im Morast. Selbst wenn es nicht regnete, löste der Anblick der zerfurchten Landschaft einen Fluchtreflex in mir aus.

Mit den Jahren wurde die Erwartungshaltung an Norwegen realistischer – in welchem Land sind Flughafenperipherie und Autobahnbaustellen im Schneeregen schön? – und der Blick wurde milder. Die Weite der Landschaft war beeindruckend, nur eben nicht überall. Die Wasserfälle waren herrlich, doch nicht ganz Norwegen bestand aus Wasserfall und auch wenn nicht alle Norweger nett waren, so doch viele. Nett, aber zurückhaltend, introvertiert. Mit wem man einmal gesprochen hatte, der konnte sich auch im Folgejahr noch an einen erinnern, auch wenn die Begrüßung ebenso freundlich-distanziert verlief, als hätte man sich noch nie gesehen. Erst wenn man im Verlauf des Gesprächs einfließen ließ, dass man bereits einmal hier gewesen wäre, erwiderte der Hotelrezeptionist: „Ja, ihr seid immer auf Appartement 1233." Und der Verkäufer im Sportgeschäft sagte: „Das Rossignol-Auslaufmodell. Ich weiß."

Ein, zwei Sätze dauerten diese Gespräche, dann war es aber auch gut. Nie die überbordende „Meine-Familiengeschichte-in-fünf-Minuten"-Gesprächigkeit der Amerikaner, nicht die „Sie-müssen-mein-Gast-sein"-Vereinnahmung der Inder oder die „Auf-einen-Schnaps"-Gastfreundlichkeit der Österreicher oder Bayern. Eigentlich sehr angenehm. Statt der Liebe auf den ersten Blick wurde Norwegen eine Sympathie auf den zweiten Blick.

An diesem Wochenende findet in Oslo der große Stadtmarathon statt. Eine fünfstellige Zahl an Läufern ist auf einer oder zwei Runden durch die Innenstadt unterwegs. Sie kommen an vielen Sehenswürdigkeiten vorüber, laufen entlang der Strandpromenade und teilen sich die Straßen, Fußgängerzonen und Brücken mit zahllosen Einheimischen und noch mehr Touristen und Kreuzschifffahrern. Dort wo das Gedränge am größten ist, sperren Gitter die Laufstrecke ab. An den Stellen, an denen Passanten kreuzen müssen, sind Ordner postiert.

„Der Ordner" ist weltweit fast immer ein Freiwilliger, der den besten Teil seines Wochenendes opfert, um den Menschen, die denselben Sport ausüben wie er selbst, einen reibungslosen Wettkampf zu ermöglichen. Oder ein Freiwilliger, den man in einem schwachen Moment überreden konnte. Oder einer, der es genießt, für Ordnung zu sorgen. Schlechte Ordner sind kratzbürstig-autoritär oder zögerlich-laissez-faire. Bei guten Ordnern sieht der Job so aus, als würden sie überhaupt nichts arbeiten und doch läuft alles reibungslos.

An jener engen Brücke, an der ich an diesem Tag die Teilnehmer fotografiere, stehen drei Teenager als Ordner und ein Mitvierziger, der ohne Aufhebens die Querung der Laufstrecke für Passanten freigibt oder diese eben auch für ein paar Minuten zurückhält. Eine menschliche Ampel. Man sieht ihn kaum, man hört ihn nicht, er hat alles im Griff. Wir arbeiten in ein paar Metern Abstand, jeder für sich.

Nach acht Stunden schickt er die Jugendlichen nach Hause, denn der Großteil der Athleten sitzt jetzt längst beim Bier oder steht unter der Dusche. Eine Stunde später wechseln wir unseren ersten Satz: „Schluss. Das war der letzte Läufer", sagt er. Beide packen wir ein, er seine Warnweste und seine leeren Wasserflaschen, ich meine Kameraausrüstung.

„Hast du jeden fotografiert?" Ich erkläre ihm, dass ich im Optimalfall von jedem 10- und 21-Kilometer-Läufer zwei Querformatbilder habe und von jedem Marathonläufer zusätzlich zwei im Hochformat.

„Warum blitzt du tagsüber?" Ich nenne ihm die Gründe. Bis hierher war es einfach. Sachliche Fragen, sachlichen Antworten.

„Warum machst du das?"

„Es ist kreativ, sich ein schönes Motiv auszusuchen mit einem tollen Hintergrund. Das moderne Haus da, schöne Linien, das Meer, tiefblau, links noch die Segelboote. Das ist Oslo! Und es ist Handwerkskunst. Man muss fingerfertig sein und konzentriert. Zwei, drei Bilder pro Sekunde und jedes ist individuell. Und es ist schön, weil die Sportler gut drauf sind. Fast alle. Sie sind im Runner´s High und wenn nicht, freuen sie sich zumindest, wenn man sie anfeuert."

Er hört aufmerksam zu. Für norwegischen Smalltalk haben wir uns überlang schon unterhalten. Dann zögert er. Jetzt wird er sich verabschieden, da bin ich mir sicher.

„Macht dir deine Arbeit Spaß?" Ich muss lachen, weil ich weiß, wie schwer es vorstellbar ist, dass das Spaß machen kann: Stunden über Stunden an der Strecke sitzen oder stehen, ohne Pause, bei jedem Wetter.

„Ja, es ist der beste Job der Welt", lache ich. Er nickt, schultert seinen Rucksack und sagt: „Das sieht man."

Verlosung für den Arsch

Im Morgengrauen rollen die ersten Lotterieteilnehmer mit ihren Fahrzeugen auf den Parkplatz des Bureau of Land Management. Bis die Eingangstüren des Gebäudes aufgesperrt werden, ist der Parkplatz voll. Manche Teilnehmer der Verlosung kommen auch zu Fuß, sie verbringen ihren Urlaub gleich am Campingplatz gegenüber. „Wir kommen schon seit einigen Jahren. Irgendwann wird es klappen", erzählt mir ein Mann im Holzfällerhemd.

Die Lotterie findet täglich um neun Uhr im großen Sitzungssaal statt. Verlost werden zehn Tageseintritte für den Coyote Butt North, den nördlichen Coyotenarsch. Ein Areal, das fast synonym steht für „The Wave", eine große, herrlich geschwungene Welle aus rotem Sandstein. Um das erosionsanfällige Wunder in den Vermilion Cliffs in Arizona für die Nachwelt zu sichern, sind täglich nur zwanzig Besucher zugelassen. So viel an Trittschäden hält der fragile Untergrund aus, glauben die zuständigen Geologen. Eine Hälfte der Zugangsberechtigungen wird Monate im Voraus bereits online verlost, die andere vor Ort für den Folgetag.

Jeder Interessent füllt einen Fragebogen aus und bewirbt sich. Pro Bewerbung wird die Rangerin eine Lotteriekugel in den Glasbehälter füllen. Je näher es an neun Uhr geht, desto angespannter wird es im Saal. Mit gemischten Gefühlen fiebern wir mit einem

Pärchen aus Japan mit, das im letzten Moment den Antrag ausfüllt: Name, Adresse, Passnummer. Mit strengem Blick auf den Sekundenzeiger wachen die beiden Ranger darüber, dass das Formular um 8:59:59 Uhr am Pult liegt.

„Ladies and gentlemen!" Minutenlang erklärt nun die Rangerin das Prozedere. Zehn Personen werden heute zu den Glücklichen gehören. Ich bin nicht die einzige, die den Blick über die gut hundert Stühle und die an der Wand lehnenden Bewerber schweifen lässt: chancenlos. Unsere Aussichten auf ein Permit für die Wave sind angesichts dieses Andrangs einfach chancenlos.

Endlich verstummt die Rangerin. Sie greift zur Kurbel. Die Holzkugeln schlagen gegen die Glaswand. Man hört sie selbst in der hintersten Reihe, es ist totenstill im Saal.

Dann kullert die erste Kugel heraus. „69." Zwei Asiaten jubeln auf. Und wieder rollen die Kugeln.

Als sich herausstellt, dass das nächste Los mit der Nummer 25 einer sechsköpfigen Reisegruppe gehört und damit nur noch zwei Permits für morgen vergeben werden, schleiche ich mich aus dem Saal. Dafür, dass ich beim Vorabendkrimi schon die Augen schließe, habe ich mich bei diesem Nervenkitzel gut gehalten. Aber jetzt reicht es. Man kann sich die Wave ja auch auf Bildern ansehen, im nächsten Urlaub wiederkommen oder sich einreden, dass es noch so viele andere schöne Ziele gibt.

Ich verbringe die Ziehung der letzten beiden Lose auf dem Parkplatz, räume ziellos Dinge vom Rücksitz des Autos in den Kofferraum und andere vom Kofferraum auf den Rücksitz.

Wenige Minuten später verlassen auch die anderen Bewerber das Gebäude. Hängende Köpfe, blasse Gesichter, verschämte Tränen, ein Bär von einem Mann sogar hemmungslos weinend. Andi kommt später zum Auto. Er hat noch Infobroschüren mitgenommen. Und das Permit für Los Nr. 19 bezahlt. Unser Los!

Ob das Brimborium der Verlosung die Wave größer macht, als sie eigentlich ist? Am nächsten Morgen gehen wir beim ersten Dämmerlicht im Stechschritt die Stunde bis zur roten Sandsteinformation. Dann der erste Blick auf die perfekte Harmonie der geschwungenen Felsen. Ein Wunder der Natur.

Nach und nach bekommen wir die anderen Losgewinner zu Gesicht. Am späten Vormittag beginnt es zu regnen. Wir sind die einzigen, die unter einer Rettungsdecke ausharren. Nachmittags klart es auf. Wir bleiben, bis die untergehende Sonne die Farben nochmals verstärkt.

Nein, die Wave wird nicht groß geredet. Sie ist tatsächlich perfekt.

Schwarzes Meer

Glatt und schwarz liegt das Meer vor mir. Nur im Osten hat der Nachthimmel einen ersten Hauch von Rot. Die Stadt ist noch still. Weit drüben spaziert ein Einzelner über den Strand, bleibt stehen, macht ein Handybild von der dunklen Bucht und dem schmalen Dämmerungsstreifen. Eine Weile schaue ich nur, dann wird mir zu kalt und ich ziehe mich schnell aus, lasse Kleidung, Schuhe und Handtuch am Sandstrand liegen und gehe ins Meer. Warm ist das Wasser nicht mehr, aber warm genug. Ich schwimme weit hinaus. So weit, wie ich mich wohl fühle. Vielleicht ein wenig weiter.

Die Farben, die der Himmel bekommt, während ich ins Meer hinausschwimme und wieder zurück, wechseln von tiefblau zu violett, rot, orange. Nur das Wasser um mich herum und unter mir ist schwarz wie flüssiges Graphit. Als mich die Wellen schon auf den Strand zu schieben, geht hinter mir die Sonne auf und strahlt die Häuser von Marino di Campo an. Der Strand ist aber noch leer, die Stadt schläft. Welch Unterschied zu gestern, als nachts um vier Uhr schon der Großteil der Gäste beim Frühstück war und es um sechs Uhr morgens am Weg zum Strand und am Strand selbst wurlte vor Menschen. Um sieben Uhr fiel der Startschuss für den jährlichen

Triathlon hier auf Elba. Momente später brodelte das Wasser. Fast zwei Kilometer schwimmen die Athleten ins Meer hinaus. So weit war ich heute bei weitem nicht draußen gewesen.

Am Strand genieße ich die Sonne, warte, bis ich ein wenig abgetrocknet bin. Der einzelne Spaziergänger ist noch immer da. Ich hatte ihn lange an der Uferpromenade sitzen sehen und später, als er den Sonnenaufgang fotografiert hatte. Wir nicken uns zu. Als ich beginne mich abzutrocknen, spaziert er diskret zum Meer hinunter. Erst als ich fertig bin und in meine Schuhe schlüpfe, kommt er wieder herauf.

„Du warst weit draußen." Sein Englisch hat einen harten osteuropäischen Akzent.

„Ja, es war schön. Still. Das Meer ruhig."

„Hast du keine Angst?"

„Warum soll ich Angst haben?", frage ich zurück.

Er weiß keine rechte Antwort, auch wenn mir klar ist, was er meint. Im Dunkeln, allein, in einem Meer schwimmen, nicht mehr als die ersten paar Zentimeter unter der Wasseroberfläche zu sehen, vom Meeresgrund ganz zu schweigen.

„Du bist gestern viel weiter hinausgeschwommen", sage ich. Auf seinem Oberarm steht mit dickem Filzer noch seine gestrige Startnummer. Er runzelt die Stirn. Bestimmt findet er, dass man das nicht vergleichen kann. Damit hat er ja auch Recht.

Ich bin inzwischen in meinen Schuhen, wir sind oben an der Straße. „Ich will einfach nicht Angst haben", schiebe ich nach.

Damit ist er jetzt eher zufrieden. Wir nicken uns zu. „Nice to meet you", verabschiedet er sich, dann biegt er nach rechts ab und ich nach links.

Eselscheiße

Schon der schwefelgelbe Sonnenuntergang des zweiten Tages verhieß nichts Gutes. Kurz bevor die Sonne über dem Flusstal des Kargyak unterging, begann der Himmel zu leuchten. In mattem Gelb zunächst, dann immer giftiger, als würde über Zanskar eine Schwefelwolke liegen, die vom Shingo La achtzig Kilometer weit bis in das Provinzstädtchen Padum reichte. Dem Kargyak-Fluss, der hier noch behäbig dahinfloss, verlieh das Licht in diesem Moment etwas Bedrohliches.

Mit ruhiger Beständigkeit strömt er sonst nach Padum. Das breite Himalayatal ist gesäumt von Fünf- und Sechstausendern. Felsberge überwiegen, nur manchmal leuchtet das ewige Eis bis ins Tal herab.

Eine knappe Woche Gehzeit rechnet man als Wanderer, um den Kargyak auf der langen Reise vom Pass Shingo La bis nach Padum zu begleiten. Auch in die Gegenrichtung braucht man kaum länger. Und von Jahr zu Jahr schmilzt diese Reisezeit durch den Bau einer Straße zusammen.

Oben am Pass, der bereits höher ist als der Gipfel des Mont Blanc, steht man an einem der einfachsten Übergänge über die Große Himalaya-Kette. Nach Norden fließt der Kargyak dem Indus zu, der mit einer schier endlos langen Schleife durch den indischen Subkontinent ins Arabische Meer mündet. Auf der Südseite des Shingo La fließt die Chumik Nakpo Nala und später die Barai Nala in vier Gehtagen nach Darcha hinab, wo man erstmals wieder auf eine Straße trifft. Neun oder zehn Tage also, um vom einzigen großen Ort in Zanskar die Berge zu überqueren. Für die Einwohner von Padum und die umliegenden Dörfer seit Jahrtausenden der kürzeste Weg ins indische Tiefland, für Wanderer die südliche Hälfte des Zanskartreks.

Am zweiten Abend nun also die Schwefelwolken über dem Tal. Dabei waren wir gestern schon einen halben Tag vor den Regenwolken hergelaufen. An einer Teebude hatten wir der Empfehlung des Besitzers vertraut und waren auf einen Abkürzer Richtung Kloster Phuktal eingebogen. Die unter einem Überhang am Fels klebenden Gebäude des Klosters waren einer der Gründe gewesen, überhaupt drei Wochen lang zu Fuß den Himalaya zu durchqueren.

Seit sechs Jahrhunderten existiert das Gelbmützenkloster von Phuktal. Um die große Höhle ranken sich aber schon seit den Zeiten des historischen Buddha Geschichten. Vor über 2500 Jahren sollen seine Schüler den Ort zur Meditation genutzt haben und im Laufe der Jahrtausende lebte jeder für Ladakh und Zanskar bedeutende Geistliche für eine Zeit hier: Padmasambhava im 8. Jahrhundert, der große Übersetzer Mawpa Lotsawa im 11. Jahrhundert und schließlich auch drei Heilige aus Indien, denen man so große Zauberkräfte nachsagte, dass sie sogar fliegen konnten. Von ihnen übernahm der

Klostergründer die Höhle. Er ließ eine Quelle entspringen, schuf einen Baum über der Höhle und vergrößerte den Überhang durch Geisteskräfte auf die heutigen Dimensionen, so dass das Kloster mit seinen rund 70 Mönchen Platz fand.

Als wir nach der rund dreifachen Zeit, die uns der Teebudenbesitzer genannt hatte, in Phuktal ankamen, nieselte es seit einer halben Stunde. Die Zelte, die in einem von einer Steinmauer gesäumten Areal unterhalb des Klosters standen, hatten bereits regennasse, kräftige Farben. Auf den freien Flecken zwischen den Zelten hatten sich große Pfützen gebildet.

„Heute kein Regen mehr", prognostizierte der Mönch, der am nächsten Tag gleichzeitig mit uns nach dem Morgengebet und der Besichtigung des Klosters in den Regen hinaustrat und den steilen Weg hinunter an den Fuß der Felsen antrat. Wer so nah am Himmel wohnt, der sollte es wissen.

Im beständigen Niesel wanderten wir vom Klosterabstecher zurück ins Haupttal des Kargyak und talaufwärts auf den Shingo La zu. In einer Regenpause stellten wir das Zelt auf. Der Himmel verfärbte sich schwefelgelb und verhieß weitere Niederschläge für die Nacht. Immerhin sollte der Mönch Recht behalten, denn der Regen ging bald in Schnee über.

„Das ist halt der Klimawandel", erklärt uns der Bauer im Weiler Kargyak am nächsten Tag. Ein kleines handgezeichnetes Schild lädt in sein Haus zum Tee ein. Im Ofen in der guten Stube sorgt getrockneter

Yakmist für würzige Wärme. Eine Kanne stark gezuckerter Tee wärmt zusätzlich von innen.

„Früher hat es im Sommer überhaupt nicht geregnet oder geschneit. Die Kinder sind immer ohne Probleme nach Keylong in die Schule hinuntergegangen und wieder nach Hause. Jetzt liegt Schnee am Pass. Vielleicht kommt ihr gar nicht hinüber."

Eine Stunde oberhalb kommen uns drei nasse Gestalten entgegen. Die Kapuzen der Anoraks hängen ihnen bis über die Augen, die Schultern sind gebeugt, ihre Beine haben Mühe Körper und Rucksack zu tragen. Aus Frankreich stammen die drei Wanderer, sie wollten den Shingo La überqueren, sind in den Schneemassen aber gescheitert. „Der Pass ist zu. Was sollen wir jetzt machen?", fragen sie uns.

Aus dem frischen Schnee ragen nur noch die größeren Steine heraus. Die Spur der Franzosen ist die einzige Struktur in der weiten Talflanke. Unser Zelt stellen wir zwischen schützenden Felsblöcken auf, den weichen Schnee haben wir minutenlang zu einer kompakten Grundlage zusammengetrampelt. Rund 600 Höhenmeter trennen uns noch von der Passhöhe. Das kann eigentlich kein Problem sein, wenn sich zwei Personen beim Spuren abwechseln und einen halben Tag Zeit haben. Mit diesen optimistischen Gedanken versuchen wir einzuschlafen.

Ein kleiner See hat sich in der Nacht um unser Zelt gebildet und schließlich auch in unserem Zelt. Es ist um ein paar Grad wärmer geworden, der Schnee hat sich in Matsch verwandelt und wo im Sommer eine romantische Wiese zwischen Felsblöcken sein sollte, stehen Tümpel. „Das ist halt der Klimawandel."

Vom letzten Lagerplatz unter dem Pass ist am Morgen bereits eine kleine Eselkarawane gestartet. Auch ein paar einzelne Fußgänger müssen unterwegs sein.

Die Spur durchs weiße Gebirge ist dünn, aber erkennbar. Ab und zu können wir in den Wolkenlücken auch Punkte ausmachen, die sich vor uns durchs Weiß bewegen. Selbst wenn oben am Pass deutlich mehr Schnee liegt, sollte der Übergang möglich sein.

Nass sind die Schuhe, Socken und Hosenbeine. Nass haben wir auch Schlafsack und Zelt eingepackt, sie machen die Rucksäcke schwerer heute.

Ein großer Steinmann und Gebetsfahnen markieren den Shingo La. 5050 Meter sind wir hoch, der einzige Pass auf den zehn Tagen von Padum in den Süden. Eine Handvoll Einheimischer, ein paar Trekkingtouristen und ein halbes Dutzend Mulis stehen um den Steinmann herum und frieren. Dann setzt sich ein Mönch in Bewegung und strebt mit großen Schritten auf die Verflachung zu, hinter der der lange Abstieg nach Darcha beginnen muss. Vor uns liegen dreieinhalb Tagesetappen, bis wir ein Dach über dem Kopf haben werden, die Schlafsäcke trocknen können und aus den nassen Schuhen kommen.

Zwei braune Flecken in der Schneedecke und viel Eselscheiße zeigen den ersten Lagerplatz auf der Südseite des Passes an. Ruß und Asche, Teebeutel und Bananenschalen sagen: Hier könntet ihr zelten. Müsst ihr aber nicht.

Noch hat der Tag ein paar Stunden und mit jedem Kilometer wird die Schneelage besser. Der Höhenmesser fällt nur langsam. Stunden über Stunden führt der Pfad durch die Hänge über dem Fluss dahin. Wir schlittern über die nassen, rutschigen Steine, der Schnee wird zum Schneematsch. Schneematsch wird zu Schneebrei. Alte und frische Eselscheiße mischt sich. Längst haben wir es aufgegeben, die Schritte um die tiefen Pfützen herumzulenken. Vielleicht, vielleicht – so meine Hoffnung – schaffen wir es bis heute Abend nach Zangskar Sumdo. Der Zusammenfluss von Chumik Nakpo Nala und Barai Nala ist ein markanter Punkt. Eine Hängebrücke führt hinüber zu einer grünen Wiese. Ein Teehaus steht da, wir können uns wärmen, uns den Bauch vollschlagen. Nudelsuppe und Eier gibt es immer, Tee auch, vielleicht sogar Kekse oder Nüsse. So stelle ich mir die Wiesen von Zangskar vor.

Zangskar liegt knapp unter der 4000 Meter-Marke. Die Schneedecke ist hier geschmolzen und zu einem braunen Brei geworden, der mit Eselscheiße, Eselurin, Müll und Asche der Lagerfeuer alle ebenen Flächen bedeckt, an denen man ein Zelt aufstellen könnte. Die Teebude ist abgebaut, vielleicht hat es sie nie gegeben. Obwohl wir seit heute Morgen bereits drei Tagesetappen zu einer langen zusammengefasst haben, müssen wir kein Wort wechseln, um zu wissen, dass wir hier nicht bleiben wollen. Ein andermal vielleicht, aber heute lieber nicht.

Auf den zwei Stunden nach Palamo setzt der Regen wieder ein. Wo Regen und Schmelzwasser abgelaufen waren, bilden sich neue Tümpel und Rinnsale. Der einzige Unterschied: Hier regnet es etwas wärmer als weiter oben im Gebirge.

Die geistige Aufnahmefähigkeit sinkt immer mehr. Gehen ist ein Automatismus. Stehen bleiben, Pause machen, etwas essen oder trinken braucht dagegen zusätzliche Energie, braucht Entscheidungen. Also gehen wir.

Chika und Rarik sind zwei Geländepunkte, die mir von der Landkarte noch im Gedächtnis sind. Was sind dahinter verbirgt, habe ich vergessen. Ist Rarik eine Ortschaft? Wir gehen. In der Dämmerung sehen wir durch den Regen schwache Lichtpunkt auf der anderen Bachseite. Ob das Häuser sind? Ob das Rarik ist? Wir packen die Stirnlampe aus und gehen. Gehen. Gehen.

Darcha soll eine Ortschaft sein mit festen Häusern. Warmes Essen. Vielleicht ein Bett im Trockenen. Wie weit es wohl noch ist bis Darcha? Längst sind wir über der Marathondistanz. Wir sind in der fünften Tagesetappe seit heute Morgen gerechnet, nass vom Dauerregen, stinken nach Schweiß und Eselscheiße. Schuhe und Hosenbeine sind bis zu den Oberschenkeln mit einer braunen Dreckschicht überzogen. Selbst unsere Gesichter sind von Dreckbatzen gesprenkelt, Haarsträhnen hängen mir über die Stirn bis zum Kinn hinab.

In großer Entfernung sehen wir ein Licht. Hoch oben am Hang. Ein Haus vielleicht. Wenn wir nur dort nicht hinauf müssen! Kein Gegenanstieg mehr heute! Wir gehen. Gehen. Das Licht kommt näher. „Du, ich glaub, das bewegt sich." Nach ein paar Minuten leuchten unsere Stirnlampen ins Leere. Kein Weg mehr, stattdessen eine weite Asphaltfläche. Wir stehen in einer Straßenkehre. Eine Straßenkehre des berüchtigten Manali-Leh-Highway. Ein paar Minuten später hat uns das starke Licht des Hauses eingeholt. Ein Bus oder LKW kommt von hinten auf uns zu. Die Scheinwerfer sind so hell, dass wir wie blind am Straßenrand stehen. Andi trifft die einzig sinnvolle Entscheidung: Er hebt den Daumen zum Anhalterfahren. Wir sehen im blendenden Licht nichts, aber wir hören, dass der Bus bremst. Mitten auf der Straße bleibt er stehen. Desorientiert steuern wir auf die Eingangstür zu, nur um festzustellen, dass hier ja der Busfahrer sitzt. Linksverkehr. Schon vergessen? Das Fenster geht auf. „Können Sie uns nach Darcha mitnehmen?" Ein leichtes Zögern, dann sagt eine Stimme aus dem Dunkeln: „Yes." Die Bustür öffnet sich mit einem Zischen, Andi steigt als Erster die großen Stufen hinauf. Ich folge ihm mit Mühe. Er dreht sich um, hilft mir mit dem schweren, nassen Rucksack.

In dem Moment schaltet der Busfahrer die Innenbeleuchtung ein. Fünfzig Augenpaare blicken uns entgegen. Fünfzig Herren und Damen auf blitzblanken, cremefarbenen Polstersesseln, die

Kopfstützen bis hinab auf Schulterhöhe mit reinweißen Schonbezügen versehen. Die Herren fast durchweg im weißen Hemd, manche im Sakko, die Damen in teuren Saris, mit Goldohrringen und – armreifen. Wir sind im Super-Deluxe-Bus von Leh nach Keylong. Der Fahrer löst die Bremse und wir rollen los.

Beste Freunde

Natürlich wollten wir pünktlich sein, auch wenn unser Taxifahrer zu spät sein würde. Man stelle sich vor, wir als typische Touristen würden um die akademische Viertelstunde zu spät am Treffpunkt sein und das Taxi wäre schon wieder gefahren, weil doch jeder weiß, dass Deutsche immer um ein paar Minuten zu früh und nie eine Minute zu spät da sind.

Das Warten ist anfangs nicht unangenehm: ausschnaufen vom anstrengenden Fußmarsch durch die Straßen von La Paz mit den schweren Rucksäcken und den Packsäcken mit Zelt und Schlafsack als Handgepäck. Auch sind wir noch immer nicht auf die Höhe von Boliviens Hauptstadt akklimatisiert.

Eine Viertelstunde nach dem vereinbarten Termin kontrollieren wir zumindest an der Glastür des Reisebüros gleich nebenan, das uns den Taxifahrer vermittelt hat, ob am Samstagmorgen schon jemand arbeitet und uns weiterhelfen kann, notfalls den Taxifahrer aus dem Bett klingelt, falls der verschlafen hat. Doch die Tür klemmt heute nicht, sondern sie ist einfach versperrt. Drinnen ist es noch dunkel. Also warten wir weiter und beobachten die Sonne, wie sie nach und nach über die Hausfassaden auf den Bürgersteig wandert.

Eine weitere Viertelstunde und ein altes Taxi schaukelt um die Ecke. Es hält gegen die Fahrtrichtung vor unserem Gepäckberg. „Hola. I bring you to lake Tuni", sagt der junge Mann, während er uns den Kofferraum aufsperrt. Wunderbar, dann ist ja alles gut. Den Fahrpreis haben wir gestern beim Reisebüro ausgehandelt und gleich beglichen. Dafür haben wir auch eine Quittung. Gemeinsam hieven wir die Gepäckstücke in den Kofferraum. Dann schaukelt das Taxi los.

„Du, ich glaub, der ist noch müde", kommentiere ich nach ein paar Straßenzügen die Schweigsamkeit des Fahrers. Noch sind wir im Wohngebiet, als unser Taxi ausrollt, hält und ein weiterer junger Mann vorne auf dem Beifahrersitz einsteigt. Auch er ist anfangs wortkarg. Erst als wir die niedriger gelegenen Gegenden von La Paz verlassen und das Taxi röhrend Richtung Flughafen hinaufstottert, beginnt ein Gespräch.

„Das sind die Berge von La Paz."

„Ja, haben wir gesehen, als wir am Flughafen angekommen sind."

„Arme Leute wohnen da."

„Ja. Schlechte Lage, wenn Regen kommt."

„Dann fallen die Häuser zusammen. Der Bach reißt sie mit."

„Regnet es oft so schlimm?"

„Einmal im Jahr."

Der neu Zugestiegene spricht passabel Englisch, ich antworte ihm konsequent in Spanisch. Sicher ist sein

Englisch besser als mein Spanisch, aber für die Verständigung reicht es und wozu sonst ist eine Sprache da?

Allmählich haben wir die Höhe des Flughafens erreicht, heroben am Altiplano tut sich das Auto wieder leichter. Wir halten uns auf der Ausfallstraße Richtung Titicacasee nach Norden auf die peruanische Grenze zu. Wieder läuft eine schleppende Unterhaltung an.

„Wo wollt ihr hin?"

„Zum Tunisee und von da weiter zum Basislager der Condoriri. Bergsteigen."

„Bergsteigen. Viele Amerikaner gehen Bergsteigen."

„Ja, ich glaube schon."

„Das ist teuer."

„Es geht. Wir leben in den Bergen. Wie viele Bolivianer auch. Bergsteigen ist wie Atmen für uns."

„Wir können uns das nicht leisten."

„Was? Atmen? Oder Bergsteigen?"

Mittlerweile sind wir in eine Barackensiedlung gekommen, unser noch immer schweigsamer Taxifahrer hatte das Tempo nochmals reduziert, hatte den Blinker gesetzt und war rechts abgebogen. Wo will er hin? Lesen wir nochmals jemanden auf? Wir fahren durch ein Glasscherbenviertel im Niemandsland, am äußersten Rand von La Paz. Vorbei an übermannshohen Mauern, gespickt mit einbetonierten Glasscherben, vorbei an einem verbeulten, verrosteten Auto, dem die Räder fehlen. Vorbei an Toren, die mit armdicken Eisenketten verschlossen sind. Jetzt noch die Mundharmonika mit „Spiel mir das Lied vom Tod" und die Szene ist perfekt.

Auch unsere Unterhaltung hat einen barschen Unterton bekommen. Der Grundtenor heißt „Ihr seid reich, wir arm." Nach wie vor bleibe ich beim Spanisch, obwohl mein Unwohlsein steigt und ich einen Notfallplan bereitlege, falls die Situation bald aus dem Ruder läuft. Wir beide gegen die zwei jungen Männer? Helfen wird uns hier niemand. Ich habe in der ganzen Barackensiedlung noch keine Menschenseele gesehen.

„... kann nicht einmal sich selbst vom Lohn ernähren", schimpft der Beifahrer weiter. „Hey, sag mal, warum redest du eigentlich die ganze Zeit Englisch? Wir sind doch keine Gringos!" Ich raunze ihn richtig an. „Gringos" klingt aus meinem Mund so, als würde ich von einer besonders hartnäckigen Rattenplage sprechen.

Einen Moment hört man nur das dumpfe Brummen des Motors. Dann dreht sich der Mann erstmals vollständig zu uns um und sieht uns an.

„Ihr kommt nicht aus den Vereinigten Staaten? Wo seid ihr denn her?"

„Deutschland."

„Deutschland? Keine Gringos?"

„Keine Gringos."

Er lächelt. Wo wir denn herkommen in Deutschland? Deutschland, nein so etwas. Sein Bruder war in Deutschland. In Köln. Zwei Jahre lang. Ob wir Jürgen Klinsmann kennen? Ob wir die Fußball-WM gesehen haben? Und Bundesliga? Möller? Der Elfmeter nach dem Foul? Deutschland! Nein, so was. Zwei Jahre war sein Bruder da. Zum Arbeiten. Er hat noch viele Freunde da. Telefoniert oft mit Deutschland. Und wenn Deutschland spielt, dann schreien sie für Deutschland. Nur bei Deutschland-Bolivien nicht.

Längst hat unser Taxi im Gewirr der Straßen den Weg zurück zur Durchgangsstraße eingeschlagen. Einmal abbiegen noch, jetzt sind wir wieder auf der Hauptstraße Richtung Peru. Für einige Kilometer noch unterhalten wir uns über Klinsmann, die FC Bayern-Zugänge der nächsten Bundesligasaison und den Bruder, dann kommen wir zur Abzweigung Tunisee. Unser Taxi hält, der Beifahrer strahlt uns nochmals an: „Gute Reise, meine Freunde. Grüße an Deutschland." Dann steigt er aus. Wir fahren langsam an. Aus dem Augenwinkel sehe ich noch, wie er rasch die Straße überquert und einen Truck anhält, der zurück Richtung La Paz fährt.

Doppelzimmer mit Beistellbett

Elba für ein Arbeitswochenende. Wir sind zu dritt und starten am späten Nachmittag. Wenn kein Stau ist, sind wir kurz vor Mitternacht in Piombino. Dort haben wir ein Zimmer reserviert, eines für uns drei. Doppelzimmer mit Beistellbett. Wir kennen uns gut genug und für die paar Stunden Schlaf ist das für uns alle in Ordnung. Am nächsten Morgen wollen wir zeitig auf die Fähre gehen.

Die Autofahrt läuft planmäßig und so sind wir um halb zwölf nachts in Piombino. Im kleinen Hotel in der Nähe des Hafens weiß man, dass wir spät ankommen. Die Rezeption sei dann noch besetzt, hat man uns gesagt. Ein Parkplatz in derselben Straße ist auch gleich gefunden. Harald und ich holen unsere Trolleys mit der Fotoausrüstung aus dem Kofferraum und gehen schon zum Hotel vor, um einzuchecken.

Im weißen Hemd erwartet uns ein etwas verschlafener Hotelbesitzer. Ein älterer Herr, der freundlich nach unserer Reise fragt und uns dabei im Computer einbucht. Dann blickt er auf, fragend. Es ist ihm wohl jetzt aufgefallen, dass die Reservierung für ein Dreierzimmer lautet. Eltern mit Kind, sagt ihm seine italienische Lebenserfahrung. Aber wo ist das Kind?

„Dov'e il piccolo?" Haben wir Rabeneltern etwa das Kind im Auto vergessen?

In dem Moment geht quietschend die Hoteltür hinter uns auf. Andi hatte noch seinen Fotorucksack aus dem Kofferraum geholt, ein riesiges Monster von einem Rucksack, im Lauf der Jahre zudem unförmig geworden und immer ausladender. Oben auf den Rucksack hat er seine dicke Jacke und einen Anorak gepackt. Selbst nicht von zierlicher Statur überragt ihn das Gepäckstück samt Aufbau sogar noch. Auch in der Breite gibt er Andi nochmals einige Zentimeter. Durch die schmale Eingangstür passt er so kaum durch und muss sich sogar auf die Seite drehen, um überhaupt eintreten zu können. In der schummrigen Rezeption würde er als potenzieller Türsteher oder als russischer Inkasso-Spezialist für säumige Zahler ohne weiteres durchgehen.

Harald und ich treten einen Schritt zur Seite, so dass für Andi und sein Gepäck zwischen uns Platz wird. „Eccolo, il piccolo. – Da kommt er schon, der Kleine", strahle ich den Hotelbesitzer an.

Hausaufgaben verteilen

Den beiden in der ersten Reihe sitzenden Musterschülern die Hausaufgaben in die Hand zu drücken mit der Bitte, sie doch zu verteilen, funktioniert letztmalig bei Elfjährigen. Später sind diese Botengänge gänzlich uncool und bringen beide Seiten in Verlegenheit. Denjenigen, der darum bitten muss, und denjenigen, der den Anschein macht, als könne er die Gefälligkeit nicht abschlagen. Aber: andere Länder, andere Sitten.

Am Tag zuvor waren wir aus einem verregneten und wolkenverhangenen Dorf Photoksar zur dritten Etappe der Zanskardurchquerung im Himalaya gestartet und waren zum Bumiktse La aufgestiegen, unserem ersten Pass an diesem Tag. Der Regen hatte den Boden aufgeweicht. Von Jahrhunderte langer Karawanserei war der Pfad ohnehin von den Hufen der Maultiere und Pferde pulverisiert. Im Nu waren die Profile unserer Schuhe verklebt und der Morast unter den Sohlen ließ uns um ein paar Zentimeter wachsen. Die zusätzliche Körperlänge machte uns aber nicht schneller, ganz im Gegenteil.

Hinauf zum zweiten Pass, dem Sengi La oder Löwenpass, stand uns der längste Teilabschnitt des Tages bevor. Vier Stunden lang steigt der Weg beständig an, bis er knapp 5000 Meter erreicht hat.

Die Luft wird immer dünner und in dem langen Tal ändern sich die Landschaftseindrücke nur langsam. Selbst unser Motivationsklassiker „Wer zuerst zehn positive Dinge nennt, gewinnt" geriet in diesen vier Stunden ins Stocken.

Am Löwenpass dagegen punktete jeder von uns mehrfach: Der Himmel war strahlend blau geworden, die Gebetsfahnen am Pass hätten nicht farbenfroher sein können, mit Anorak und Kapuze ließ sich dem Wind gut trotzen und ab hier ging es erstmal nur bergab. In einer kleinen Bachsenke in der Südflanke schlugen wir unser Zelt auf.

Nach einer sternklaren Nacht begann der Tag eisig kalt und zunächst mit einer Flachpassage zum nächsten Pass, dem Kiupa La. Sobald die Sonne über die Bergkämme gekommen war, kletterte das Thermometer in der windgeschützten, südseitigen Flanke aber rekordverdächtig schnell nach oben. Anorak und Stirnband kamen in den Rucksack und wenig später die Jacke. Am Kiupa La hieß die positive Nachricht daher: „Wenigstens endlich ein leichtes Lüftchen." Und der zweite Punkt wurde vergeben für: „Nur noch ein weiterer Pass heute."

Drei Stunden bezifferte unsere Wegbeschreibung die restliche Zeit nach Lingshed, unserem heutigen Tagesziel. Wir würden am frühen Nachmittag dort ankommen und uns morgen einen Ruhetag gönnen. Lingshed ist der größte und schönste Ort zwischen dem Industal und Padum, der Hauptstadt Zanskars, also eine gute Wahl für eine längere Pause. Das große Männerkloster, das Frauenkloster, die moderne Schule und die schönen Terrassenfelder mit verstreuten Wohnhäusern würden dafür sorgen, dass uns nicht langweilig wäre. Lingshed, wir kommen, denken wir uns, also wir am Kiupa La wieder losgehen.

Fast hören wir noch das Knattern der Gebetsfahnen oben an der Passhöhe, als uns ein Wanderer entgegenkommt. Zanskar ist so extrem dünn besiedelt, dass man jede Begegnung bewusst registriert. Man freut sich, begrüßt sich und versucht kurz ins Gespräch zu kommen, selbst dann wenn die teils schmalen Pfade nicht dazu zwingen würden, den Schritt zu verlangsamen. Der einsame Wanderer, der uns am Kiupa La entgegenkommt, trägt eine dunkelrote Mönchsrobe. Für uns ist das ein Grund mehr zur Freude, denn die buddhistischen Mönche und Nonnen sind meist gut ausgebildet, sprechen Englisch und sind weltoffen und neugierig. Von ihnen erfährt man immer etwas Interessantes.

Und tatsächlich wissen wir bald, dass der Mönch heute Morgen von Lingshed gestartet ist, dort an der Schule arbeitet, jetzt auf Reisen geht und dazu zuerst die fünf Tage ins Industal wandert, um von dort die eigentliche Reise zu beginnen. So ist das eben in Lingshed, entweder man geht in fünf Tagen ins Industal zur Bushaltestelle oder in fünf Tagen nach Padum zur Bushaltestelle. Dass die durchs indische Militär forcierte Straßenerschließung Zanskars von den Einheimischen begrüßt wird, kann man da niemandem verdenken.

Im Moment, in den Schulferien, ist der lange Weg ins Industal aber kein Thema und so heftige Regenfälle wie wir sie gestern hatten, sind extrem selten. Er lacht und strahlt, während er von der bevorstehenden Reise erzählt und scheint sich genauso über die Ferien zu freuen wie Schüler und Lehrer bei uns. Offensichtlich eine interkulturelle Freude.

Und wir? Lingshed ist wohl unser Tagesziel? Ja, jedenfalls sollten wir dort ein, zwei Tage bleiben. Wo könnte es schöner sein! Welchen Weg wir denn nach Lingshed nehmen?

Jetzt sind wir dreifach froh, den Mönch getroffen zu haben, denn uns war gar nicht bewusst gewesen, dass es verschiedene Wege gibt. Doch, doch. Er würde ja den Weg über Gongma empfehlen. Da unten, die grünen Getreideterrassen, das ist Gongma. Runter, nach Gongma, dann auf die Terrasse dort drüben und bis Lingshed ist es von da nicht mehr weit.

Wir bedanken uns für den Tipp, wollen uns schon verabschieden, da beginnt der Mönch in seinem einzigen Reisegepäck, einem Stoffbeutel, zu kramen. „Wenn ihr über Gongma geht, könnt ihr dann bitte der Dorje ihre Hausaufgaben geben?" Er reicht uns eine CD-Hülle mit einer unbeschrifteten CD. „Das wäre prima, dann kann sie das in den Ferien gleich nochmal anschauen."

Eine Stunde später sind wir in Gongma. Mitten in saftig grünen Gerstenfeldern und Kartoffeläckern stehen ein paar Häuschen. Dorje haben wir bald gefunden, in dem ganzen Weiler leben keine zehn Personen. Über die Hausaufgaben-CD mitten in den Ferien ist sie zumindest nicht euphorisch. Dass ein paar europäische Wanderer in ihrem abgelegenen Weiler vorbeikommen, scheint immerhin etwas Abwechslung ins Sommerloch zu bringen. Bald sitzen wir mit ihr, ihrer Mama, den beiden Brüdern und der Nachbarin in der guten Stube und trinken Tee.

Ließ sich auf dem Hinweg noch die Illusion aufrecht erhalten, dass der Weiler fast auf unserem Weg liegt, so ist unsere mittägliche Querung der Hochfläche die Ankunft in der Realität: Gongma ist nicht die hübsche Alternative zum ausgetretenen Pfad vom Kiupa La nach Lingshed, sondern schlicht ein Umweg. Auf der vegetationslosen Hochfläche hinüber zum nächsten Pass steht die Luft. Im Hitzeflimmern löst sich der Pfad vor uns auf. Das ist - von uns selbst abgesehen - die einzige Bewegung in dieser Ödnis. Die Wasserflaschen, die wir in Gongma aufgefüllt hatten, sind viel zu schnell leer und der Anstieg zum zweiten Pass wird in der Hitze zur Tortur. Hausaufgabenverteilung auf Ladakhisch, das werden wir uns künftig zweimal überlegen.

Erst am Nachmittag kommen wir an der Shoppingmall von Lingshed an: ein Lehmziegelbau von der Größe einer Einzelgarage, in dessen schummrigem Inneren ein junger Mann alles verkauft, was hier lebensnotwendig ist. Chinesische Nudelsuppe, zu Blöcken gepresster schwarzer Tee, Cola und Yakschwänze als Staubwedel. Zwei Nonnen erledigen gerade den Großeinkauf und bezahlen die letzten beiden Büchsen Tomaten. Dann sind wir an der Reihe.

„Ihr könnt auch bei uns übernachten", schließen die Nonnen später ihre eher kurze Aufzählung der verfügbaren Gästehäuser in Lingshed. Wir hatten sie gefragt, da der junge Mann im Laden kaum Englisch sprach, sie dagegen sehr wohl.

„Das Frauenkloster ist für Männer offen?", frage ich zweifelnd nach. „Freilich, für Frauen, für Männer, für alle Gäste!" Gast, m/w/d also, womit die Nonne die Genderdiskussion vorwegnimmt, die in Europa in ein paar Jahren erst aufkommen wird. Wir machen uns gemeinsam auf zu dem kleinen Abstecher hinab ins Frauenkloster, das wir nach einer halben Stunde auf verschlungenen Pfaden erreichen.

„Absolut ruhige Ortsrandlage mit unverbautem Bergblick" würde man das Frauenkloster anpreisen können. Das Sightseeing in Lingshed allerdings werden wir uns angesichts der Höhenmeter zurück ins Dorf zweimal überlegen. Da unsere Klosternacht auch Halbpension beinhaltet, müssen wir nicht mehr außer Haus und können uns vom Umweg zum Hausaufgabenverteilen erholen. Beim gemeinsamen Abendessen mit dem halben Dutzend Nonnen wird nicht nur viel gelacht, sondern wir bekommen auch Tipps für den morgigen Ruhetag. Das Männerkloster ist einen Besuch wert, die Terrassenfelder sind schön, die Schule leider zu - Sommerferien wie wir ja schon wissen - und außerdem könnten wir beim Befüllen der Gebetsmühle helfen, falls wir das möchten.

Draußen vor dem Klostergebäude war uns bereits die reich verzierte, aber noch leere Metallummantelung der Gebetsmühle aufgefallen. Rund zwei Meter hoch und so dick, dass man sie allein keinesfalls umfassen kann. Natürlich wollen wir dabei sein, wenn sie befüllt wird!

Im Gebetsraum stapeln sich am nächsten Tag die bedruckten Blätter für die Gebetsmühle meterhoch. Eine Druckerei aus Leh stellt die etwa DIN A2 großen Blätter her, in winzigen Zeilen ist das Matra „Om mani padme hum" darauf gedruckt, vom obersten Rand bis zur untersten Ecke, um nur ja kein Fitzelchen Papier zu verschwenden. Dünnes Papier wird dafür verwendet, vermutlich hat der Druckereibetrieb ein eigenes Gebet, um die dünnen Blätter über die Druckmaschine zu zaubern. Dann werden sie als dicke Stapel in Stoffbahnen eingeschlagen, einen Tag lang durchs Industal gefahren und vom Ende der Straße mit Maultieren über all die Pässe bis hierher gebracht.

Auf dem Boden haben die Nonnen bereits kräftig gelbe Baumwollbahnen ausgelegt. Die belegen wir jetzt dachziegelartig mit zentimeterdicken Papierbündeln. Von der körperlichen Anstrengung abgesehen - es ist wie ein Umzug, der nur aus Bücherkisten besteht - wird wieder viel gekichert und gealbert. Immer wieder werden die Stapel zurechtgerichtet, dann werden zwischen die Ommani-padme-hum-Druckbögen noch Gebetsbooster in Form von hellgelben Druckstreifen mit einem weiteren heiligen Text gelegt. In der Zwischenzeit sind auch zwei Mönche aus dem Männerkloster gekommen, die beim Rollen helfen sollen. Eine lange Holzstange kommt an den Beginn der Baumwollbahn, um sie rollen wir alle gemeinsam die Papierstapel. Nach ein paar Stunden ist eine Papierrolle entstanden mit geschätzt zwei Milliarden Mantras pro Umdrehung. Die gelbe Stoffbahn ummantelt die Bögen wie Strudelteig die Äpfel und wird zum Abschluss zugenäht. Mit Hilfe der Holzstange lässt sich die tonnenschwere Rolle gerade noch tragen. In die Metallhülse wird sie aber erst eingefüllt, wenn die auf ihrem endgültigen Platz steht, denn wegbewegbar ist sie nach dem Befüllen nicht mehr. Zwei Milliarden Mantras sind eben ein Schwergewicht.

Viele Jahrzehnte wird die Gebetsmühle dann hoffentlich im Gebrauch sein. Man dreht sie mit der Hand an und hat so mit einer Umdrehung unzählige Gebete gesprochen. Spirituelle Automatisierung. Am

Beginn der Zanskardurchquerung hatten wir Gebetsmühlen gesehen, die mit Windrotoren ausgerüstet waren, so dass sie sich auch ohne Andrehen per Hand bewegt hatten. Und in der Hauptstadt Leh war die solarbetriebene chinesische Winkekatze buddhistisch umgedeutet worden: Dort stand die solarbetriebene Gebetsmühle fürs Armaturenbrett in der Auslage des Elektronikladens.

Die altmodischen Gebetsmühlen sind uns da aber lieber. In der Herstellung mögen sie aufwändiger sein, dafür aber kommunikativer. Der Umweg zum Frauenkloster hinab war jedenfalls sinnvoll gewesen. Genauso wie das Hausaufgabenverteilen auf Ladakhisch.

Deutschland neben England

Wie bei den Lollis aus dem Automaten und dem Lagerfeuer, über dem man die Würstchen am Stock grillt, gibt es auch für Inder Dinge, die man wunderbar findet, aus denen man aber irgendwann herausgewachsen ist. Sich in einen Monsunregen zu stellen und zu warten, bis man auf die Haut nass ist, gehört dazu. „Es gibt nichts Schöneres!", wird jeder Inder behaupten. „Aber jetzt lass uns schnell irgendwo unterstehen."

Wir sind im Pilgerort Pushkar in Rajasthan und haben gerade einen der Haupttempel verlassen, als es beginnt, aus den dunklen Wolken nicht wolkenbruchartig, sondern sogar monsunartig zu schütten. Die Temperatur bleibt bei etwas über 30°, so dass sich der Schauer anfühlt wie Duschen mit Kleidung. Für ein paar Momente ist das ungewohnt und lustig und wir würden es bestätigen, dass es nichts Schöneres gibt, aber dann kommen auch wir zu dem Entschluss, rasch irgendwo unterzustehen. Bis auf ein paar Kinder sind die Straßen im Nu leer gefegt.

Am Ende der Straße sehen wir einen einfachen Imbiss, er ist zum Bersten voll, muss also entweder gut sein oder billig. Oder beides. In diesem Moment wird der Schauer nochmals heftiger, wir überlegen nicht mehr länger, laufen los und nehmen die Stufe zum Restaurant hinauf mit einem Satz. Unter einem Verandadach sind wir erst einmal im Trockenen.

Draußen prasselt der Regen; in Schnüren pieselt es vom Vordach.

Wir schütteln uns die Regentropfen ab und zwängen uns in den Gastraum. An die vierzig, fünfzig indische Pilger müssen kurz vor uns angekommen sein und nehmen gerade Platz. Es herrscht Chaos in dem kleinen Gastraum. Die Pilgergruppe wird aus Rajasthan oder Gujarat sein, einfache Menschen, die Männer in traditionellen weißen Baumwolltüchern gekleidet, mit Turbanen am Kopf. Ausgemergelte Gestalten mit Charakterköpfen, geprägt von harter, körperlicher Arbeit, Bauern vielleicht. Sie haben die drei Tische mit allen verfügbaren Stühlen umstellt. Ihnen zu Füßen haben die Kinder Platz genommen und noch weiter von den Tischen entfernt lassen sich die Frauen gerade am Boden nieder. Wie ein bunter Teppich aus Saris sieht das aus. Von den wenigen Durchgängen für den Ober abgesehen ist jetzt jeder Flecken belegt.

Wir stehen ein wenig unschlüssig am Eingang. Eigentlich ist kein Platz mehr, aber hinaus in den Regen wollen wir auch nicht. Der Ober hat unser Zögern bemerkt und schießt auf uns zu. „Wollen Sie essen?" Suchend überblickt er den Raum, dann deutet er uns, mitzukommen. Vor dem Gastraum, im Eingang, aber im Trockenen, steht eine Holztruhe an der Wand. Als würde er uns den Premiumplatz anbieten, deutet er darauf: „Please." Genau genommen sind wir im Separee mit Blick über das Restaurant. Gar nicht schlecht. Was wir möchten? Ob er uns die Speisekarte bringen soll? Aber außen an der Hausfassade war mit einem für mich leicht identifizierbaren Wort ein Gericht beworben worden: Thali, eine Platte mit Reis und Fladenbrot, mit Curry, Linsen, Joghurt und Salat. Thali ist der indische Schweinebraten – da kann man nicht viel falsch machen. Also zweimal Thali. „Dauert ein wenig", entschuldigt sich der Ober und spricht damit aus, was offensichtlich ist.

Während wir dem Wolkenbruch draußen zusehen und unsere Kleidung langsam trocknet, beobachten wir interessiert die rajasthanische Pilgergruppe. Die Männer sitzen an den Tischen und unterhalten sich. Die Buben kauern ihnen zu Füßen. Die Frauen wiederum sitzen in Grüppchen mit den Mädchen zusammen. Als die ersten Thalis kommen, werden die Männer bedient, dann die Buben, dann die Frauen, die wiederum an ihre Töchter weitergeben und ihre Thalis als letztes anfangen. So also läuft das! Die Zeit, in der wir aufs Essen warten, vergeht schnell. Schließlich bahnt sich der Ober einen Weg zu uns. „Zweimal Thali."

Als auch wir fertig sind, regnet es noch immer, so dass wir uns mit dem anschließenden Tee Zeit lassen. Auch die Pilger haben es nicht eilig, den Imbiss zu verlassen. Längst sind sie mit dem Essen fertig und das offensichtliche Oberhaupt der Gruppe, ein schon weißhaariger, spindeldürrer Inder mit gezwirbeltem Bart, aber kinderglatter Haut, ist auch schon aufgestanden. Er kommt heraus zu uns, setzt sich neben uns auf die Truhe, als wären wir alle Teile einer großen Familie und fragt auf Hindi, woher wir kommen.

„Deutschland." Keine Reaktion seinerseits.

„Deutschland, Europa."

„Ah. Europa. Neben England."

„Ja. Ja, neben England. Und Sie?" Er nennt einen Ort, den ich nicht kenne.

„Ist das in Rajasthan?"

„Ja, bei Jaisalmer. Nahe bei Pakistan." Das kenne ich, in Jaisalmer war ich schon. Es liegt in der Wüste Thar und ist nicht mehr weit von der pakistanischen Grenze entfernt. Früher war es eine bedeutende Festung und Schmugglerstadt.

„Hat es schon geregnet bei euch?", ist seine zweite Frage.

„Geregnet?", frage ich nach.

„Habt ihr dieses Jahr schon Regen gehabt?"

„Ja", erkläre ich. „Es regnet viel bei uns. Manchmal regnet es in einer Woche sieben Tage. Es regnet jeden Monat. Mehrmals. Manchmal ist es so kalt, dass der Regen fest ist, dass Schnee fällt, wie im Himalaya, wie in Kaschmir."

Er nickt, seine Augen strahlen. Er freut sich mit uns, dass wir Regen hatten heuer. „Wir hatten auch schon Regen heuer. Nach dreizehn Jahren. Es ist ein gutes Jahr! Euch eine gute Reise!"

Dann steht er auf, geht zurück an seinen Tisch. Dort spricht er ein paar Sätze, tut kund, was er erfahren hat. Alle Köpfe wenden sich uns zu. Anerkennend nicken die anderen Männer: Dort drüben auf der Truhe sitzen zwei Pilger, die aus einem Land neben England kommen. Auch bei denen hat es heuer schon geregnet. Und wir hatten das Glück, davon zu erfahren! Ein gutes Jahr!

Gamsbleaml

Im mattgrünen Glanz leuchten uns die Blätter der Aurikel entgegen. Auf den hellen Kalkplatten sind sie gut zu sehen. Bis auf ein paar wenige Einzelexemplare sind die Blüten aber alle schon abgefallen oder vertrocknet und braun geworden. Was muss das im Frühling für eine Farbenpracht sein mit dem kräftigen Gelb der Aurikel, mit blauem Himmel und der dolomitenartigen Bergkulisse des Gosaukammes. „Und die Felsen rot glühend im ersten Morgenlicht!", setzt Andi noch eines drauf.

Allerdings – Aurikel lieben den kargen, felsigen Untergrund. „Gamsbleaml" heißen sie in Österreich. Wie die Gämsen sind sie die Kletterer unter den Bergblumen, extremer noch als das Edelweiß, das sich auf einer Wiese auch einmal unter andere Blumen mischt. Aurikel dagegen mögen es steil. Wenn wir ernsthaft über dieses Fotomotiv nachdenken, dann brauchen wir Seil und Gurt, um auch klettern zu können und an die passenden Stellen zu kommen. Für dieses Jahr ist es ohnehin zu spät, die Aurikel sind verblüht und die Kare jenseits der Talfurche sind bereits frühsommerlich ausgeapert und braun. Also nächstes Jahr.

Zehn Monate später stehen wir am Vorderen Gosausee. Morgen Früh könnten die Verhältnisse für einen Besuch bei den Gamsbleamln passen. Die rechte Steilflanke über dem See ist noch winterlich weiß. Wenn man eine halbe Stunde oder eine Stunde die Ski trägt, könnte man hier noch auf Skitour gehen. Die linke Flanke sieht zumindest teilweise schneefrei aus. Bestimmt liegen aber auch hier weiter hinten im Tal und höher noch große Mengen Altschnee. Die steilen Felsplatten aber müssten bereits frei sein und die Aurikel in schönster Blüte. Bandschlingen und Gurt liegen parat. Das Kletterseil allerdings ist aus Versehen im Keller geblieben, so dass wir uns mit dem Abschleppseil begnügen müssen.

Weil der Weg bis zu unserem Motiv vom Seeufer erst einmal 500 Höhenmeter hinaufführt und dann vier Kilometer taleinwärts und außerdem seinen Namen nicht verdient, sondern nur ein Steiglein ist, das sich schon im Sommer immer wieder verliert und jetzt sicher unter Schnee unauffindbar ist, haben wir beschlossen mit Zelt und Schlafsack die erste Hälfte heute noch aufzusteigen. Eineinhalb Stunden könnten wir damit länger schlafen.

Unten auf der Seestraße sind noch zwei Wanderer unterwegs, sie müssen zu dem anderen Fahrzeug gehören, das am Großparkplatz Gosausee steht. Als wir mit den großen Rucksäcken losgehen, wandern sie gerade zurück.

Der Weg am See entlang mit Blick auf die Gletscherflächen des Dachsteins ist ein Genuss. In ein paar

Jahren werden an einer dieser Wegecken Szenen aus Haushofers Romanverfilmung „Die Wand" gedreht werden. Schade, dass uns niemand gefragt hat, den Cast hätten wir übernehmen können. So einsam und menschenleer „Die Wand" ist, so menschenleer liegt auch jetzt die Landschaft vor uns. Niemand, kein Geräusch, nicht einmal eine Fliegerspur am Himmel.

Bald schon biegen wir ab und steigen in die Flanke über dem See auf, erst auf einer Forststraße, dann auf einem Weg. Die nötige Höhe, um auf den Steig einzubiegen, haben wir nach einer guten Stunde, jetzt suchen wir noch ein Durchkommen nach Südosten, soweit es eben geht. Bald aber brauchen wir einen Platz für unser Zelt. Es ist klein. Zwei, drei Quadratmeter reichen uns, um es aufzustellen. Seit Verlassen der Forststraße sind wir allerdings im steilen Wald. Eine ebene Fläche ist nirgends zu finden, nicht einmal eine Kaffeetasse könnte man abstellen. Von einem Zeltplatz ganz zu schweigen.

Bei Sonnenuntergang erreichen wir eine winzige Lichtung. Sie ist gerade groß genug für eine Jagdhütte, ein kleines Hexenhäuschen, umgeben von dunklem Wald, im Niemandsland, in Marlene-Haushofer-Einsamkeit. Wir legen die Rucksäcke ab und beraten. Viele Möglichkeiten gibt es nicht: zurück zum Auto und dort übernachten, noch ein Stück weitergehen zu den Aurikelwänden und hoffen auf ein Wunder, das in unserem Fall in einem Zeltplatz bestünde. Oder hier im Umfeld der Hütte das Zelt aufschlagen. Vor dem Eingang ist ein winziger ebener, schneefreier Fleck, der würde reichen.

Ein paar Minuten suchen wir noch ohne Gepäck, ob wir nicht eine Alternative finden. Aber von der Jagdhütte abgesehen ist jeder Meter abschüssig, mit Latschen bewachsen oder unter Altschnee verborgen. Wir quetschen also unser Zelt zwischen Hüttentür und Zaun. Wir legen die Isomatten hinein, breiten den Schlafsack aus, ziehen trockene Wäsche an und legen für morgen Früh alles parat. Wir wollen gerade ins Bett gehen, da ...

War da nicht ein Geräusch? Das Flackern einer Lampe? Stimmen? Nein, das kann nicht sein. Nicht zu dieser Uhrzeit, zu dieser Jahreszeit, im Nirgendwo hoch über dem See.

Zwei Lampen nähern sich dem Hexenhaus. Die Besitzer der Jagdhütte kommen. Wir beginnen eiligst, alles in die Rucksäcke zu stopfen, da stehen sie schon vor uns. Nach dem ersten, beidseitigen Schreck und wortreichen Entschuldigungen unsererseits, dass wir vor ihrer Haustür zelten, endet der Abend bei Bier und Brotzeit in der Hüttenstube. Nach etlichen verratschten Stunden beziehen wir unser Zelt – das Angebot im Haus zu schlafen, wollten wir nicht auch noch annehmen. Noch im Dunkeln brechen wir am Morgen zur Aurikelwand auf, die Almer wenig später zu den „Hühnern". Wir werden dem Sonnenaufgang drüben an den Gosauwänden zusehen, sie der Balz der Birkhähne. Als wir wieder zur Hütte zurückkommen, steckt an unserem Zelteingang ein Zettel: „Die Tür ist auf, das Frühstück steht am Tisch. Lasst ´s euch schmecken. Wenn ihr geht, macht einfach die Tür zu."

Im Zipfelmützentakt

Zu Balthasars Beförderung kann man ihm nicht gratulieren. Anteilnahme wäre passender, denn statt sechs bis sieben Tage lang eine blaue Plastiktonne durch die Berge zu tragen, trägt er nun die Verantwortung für zwei Touristen und drei Träger. Und die wiegt schwerer als fünfundzwanzig Kilo Essen, Zelt und Steigeisen. Ob ihm das bewusst war? Ob er eine Wahl hatte? Oder war er einfach nur bei der vorabendlichen Sauferei unterlegen?

Eigentlich müsste uns der Bursche leid tun, aber wir haben bereits unfreiwillig die Zeche für das Saufgelage gezahlt. Das muss reichen. Tags zuvor hatten wir einen Führer angeheuert für die Besteigung des Kilimandscharo von seiner Südwestseite. Ein Guide und vier Träger, anders war unsere Wunschroute nicht möglich, verläuft sie doch durch Nationalparkgebiet, das ohne schriftliches Permit und Führer nicht betreten werden darf. Guide William versprach, sich um zuverlässige Träger zu kümmern und um ein Auto, das uns bis zum Ausgangspunkt bringen würde. Und um Essen für die Träger. Dafür allerdings wäre ein Vorschuss fällig. Die Argumente waren plausibel, und so zog William am frühen Abend mit etlichen unserer Dollarscheine ab. Binnen einer oder zwei Stunden wollte er alles geregelt haben.

„Ob wir den je wiedersehen?", unkten wir, als er mit wippenden Schritten in der Menge verschwand. Um acht Uhr morgens standen wir mit zwei gepackten Chemikalienfässern, einem großen Rucksack und unseren beiden Tagesrucksäcken am Kreisverkehr vor unserer Unterkunft. Jedes Geländefahrzeug, das sich näherte, konnte unser Transport zum Berg sein. Halb neun. Neun. Eine halbe Stunde würden wir noch warten und dann den Traum vom Kilimandscharo begraben.

„Sorry. Wir musst noch tank." Um halb zehn war ein alter Jeep in den Kreisel geschlingert, besetzt mit Fahrer, William und unseren vier Trägern. Ja, die waren sicher noch beim Tanken gewesen! Vermutlich tanken die seit gestern Abend schon. Und sicher nicht Kerosin. William kann nicht mehr gerade gehen und sein Englisch ist noch verschwommener als am Vortag. Einsilbige Wörter gehen, aber die zweite und folgende Silben fallen dem Restalkohol zum Opfer. „Hauptsache, der Fahrer ist nüchtern. Die Jungs bekommen im Lauf des Tages schon einen klaren Kopf", reden wir uns die Situation schön. Wir laden das Gepäck aufs Dach, verlassen die Stadt, tuckern auf kleinen Straßen durch Felder und Bananenplantagen und kommen schließlich in Kifuni, dem letzten Dorf, an. In einem Hüttchen sitzt ein Nationalparkangestellter, kontrolliert unser Permit. Wir tragen uns in ein Registerbuch ein. Das Dutzend Bananen, die wir uns noch einbilden als Ergänzung zum Frühstück, holt uns eine Frau aus dem Dorf frisch von der Staude. Mit der Machete hackt sie die gewünschte Menge ab. William füllt nochmals Schnaps nach, dann steigen wir wieder ins Auto und es geht auf einer schmalen, lehmigen Straße bergauf. Ein paar letzte Bananenstauden noch und wir sind im Hochwald. Es wird steiler. Im ersten Gang geht es bergauf. Der Jeep bockelt wie ein widerspenstiger Gaul und wir wären zu Fuß bald schneller. Nicht lange und wir stehen komplett. Vor uns ist eine Holzbrücke. Der Fahrer hat vermutlich vom Schnaps nichts abbekommen und daher eine etwas realistischere Einschätzung der Befahrbarkeit. „Geht", behauptet William und so steht unser Jeep bald schon mit zwei Reifen schräg auf dem feuchten Holz und steckt mit den beiden Hinterrädern im morschen Teil der Brücke fest.

Eine Stunde brauchen wir, um das Auto zu entladen, aus dem Loch zu manövrieren, über die Brücke zu bringen und wieder zu beladen. Hundert Meter später wird der Weg so steil, dass auch der letzte einsieht, dass wir ab hier zu Fuß gehen müssen.

Die vier Träger schultern die beiden Tonnen, einen unserer Rucksäcke und ein großes Gepäckstück mit ihrer eigenen Ausrüstung, dann geht es los. Um in Schwung zu kommen und um die vielen neuen Eindrücke zu verarbeiten, ist uns das langsame Gehtempo anfangs recht. Dschungel ringsum, hohe Bäume, von Lianen umschlungen, mit Farnen und Moos bewachsen. Ab und zu lässt sich eine Vogelstimme hören, exotisch, interessant.

Bald aber ist das Ausnüchterungstempo der Jungs nicht mehr erträglich. Der Schleichgang kostet unheimlich viel Kraft. Andi und ich gehen voraus, steigen in unserem eigenen Tempo auf. Verlaufen kann man sich nicht, es gibt nur den einen Weg und William als Schlusslicht wird sich schon darum kümmern, dass die Träger ankommen. Bald sind wir so weit voraus, dass nichts mehr von ihnen zu hören und zu sehen ist. Unwillig beschließen wir eine gute Stunde später zu warten. Was nützt es uns, wenn wir am Lagerplatz sind, aber Zelt, Kocher und Essen noch unterwegs?

Fast eine Stunde sitzen wir am Wegrand und warten, dann leuchten die blauen Fässer durchs Grün: die beiden ersten Träger. Dann der dritte und der vierte. Passt! Die wichtige Fracht ist da! William wird dann schon kommen. Wir nehmen die Vier in unsere Mitte – eine neue Strategie! Andi geht voraus, drei in der Mitte und ich versuche die Nummer 4 mit einem Gespräch bei Laune zu halten, so wie man Kindern mit Ablenkung den Weg verkürzt.

„Wie heißt du?"

„Balthasar."

„Wie oft warst du schon am Kilimandscharo?"

„Ja."

„Wie viele Male?"

„Oft."

„Wann kommt William denn? Trägt er schwer am Alkohol?"

„William? Der kommt nicht." Ich lache, wir lachen gemeinsam. Ein gutes Zeichen, wenn man den selben Sinn für Humor hat, finde ich.

Nach fünf Stunden sind wir am ersten Lagerplatz. Andi war schon voraus, die vier Träger und ich trudeln bei Einbruch der Dunkelheit ein. „Und wo ist William?", fragt Andi erstaunt. „William? Der kommt nicht." Ich habe längst verstanden, dass wir zwar vielleicht über dieselben Dinge lachen, William aber tatsächlich nicht mehr nachkommt. Wann und warum Balthasar zum Guide befördert wurde, wissen wir zwar nicht, aber man kann nur hoffen, dass er für sich einen guten Tarif ausgehandelt hat.

Am Nachmittag des vierten Tages kommen wir im Hochlager an. Guide William ging uns bisher nicht ab. Der Weg war immer offensichtlich. Aus dem immergrünen Hochwald war es durch übermannshohe, tannenbartbewachsene Erikasträucher gegangen und schließlich in eine immer kargere und zuletzt vegetationslose Felslandschaft. Auf 4950 Meter schlagen wir unser Zelt auf. Von hier werden wir morgen zum Dach Afrikas starten. Mit den Trägern ist vereinbart, dass sie ein Lager tiefer übernachten, morgen unsere Tonnen holen und sie auf einem Höhenweg in das Lager am Normalweg bringen, in dem wir im Abstieg nochmals übernachten werden.

Balthasar bieten wir an, ebenfalls mit den Trägern abzusteigen und uns am nächsten Nachmittag im Lager am Normalweg zu treffen. Für den Gipfelanstieg brauchen wir ihn nicht. „Nein! Ich bin Guide! No problem!" Stolz drückt er die Brust heraus, wächst sichtlich. „Wo willst du übernachten?", wollen wir wissen. Das Trägerzelt ist unten im letzten Lager geblieben und dort wird es heute Nacht auch gebraucht. „No problem!"

Hoffentlich holt er sich in der eisigen Nacht keine Erfrierungen! Mehr als einen warmen Anorak und eine rote Zipfelmütze hat Balthasar nicht an Ausrüstung. Umzustimmen ist er aber nicht. Er verkriecht sich in eine Felsspalte und erst am nächsten Morgen beim Aufbruch sehen wir, wie sein Rezept gegen die Kälte aussieht: Eine Literflasche hochprozentiger Alkohol ist bis auf einen Bodensatz leer.

Noch in der Dunkelheit beginnen wir mit dem Gipfelaufstieg. Den Beginn der Route hatten wir gestern noch erkundet. Im Stirnlampenschein geht es über schwarzen Lavaschutt hinauf, erst mäßig steil, dann immer steiler. Auch als wir an das große Firnfeld kommen, ist es noch dunkel, wir können die erste Dämmerung bestenfalls vermuten. Lang ist die Passage im Schnee nicht, hundert Meter vielleicht. Aber die eisige Nacht und die große Höhe haben den Firn bockhart werden lassen. Die Dellenstruktur, die der Schnee durchs tägliche Aufschmelzen und nächtliche Gefrieren bekommen hat, ist nicht ausreichend ausgeprägt, um gute, sichere Tritte zu bilden. Ohne Steigeisen ist die Querung viel zu gefährlich. „Wir gehen unten herum", trifft Andi eine Entscheidung.

Gerne wäre Balthasar heute wirklich der Guide. Ohne Stirnlampe war er unten schon zum Schlussmann verdammt gewesen. „No problem!", versucht er uns zum Schneefeld zu überreden. Aber wir bleiben dabei. Lieber eine Viertelstunde durch den Abstieg verloren und im sicheren Fels den Schnee umgangen, als Steigeisen anziehen und drüben wieder ausziehen. Wir steigen ab. Balthasar macht sich inzwischen an die waghalsige Querung. Ohne Steigeisen, denn solche besitzt er nicht. Die ersten Schritte gehen gut. Während wir über die Felsen absteigen, balanciert er über den harten Schnee. Er ist schon in der Mitte des Feldes, als wir den tiefsten Punkt passieren. Im Augenwinkel sehen wir eine Bewegung. Der helle Schnee und die einsetzende Dämmerung zeigen auf einen Blick, was passiert ist. Balthasar ist in der Mitte des Firnfelds ausgerutscht. Wir stehen direkt in Falllinie unter ihm. Wie eine Rakete schießt er auf uns zu: sitzend, die Beine ausgestreckt, die Hände mit den roten Strickhandschuhen seitlich auf den Schnee aufgestützt wie die Landeklappen eines Fliegers, Gesicht talwärts, die Augen vor Schreck weit aufgerissen und seine dunkelblaue Zipfelmütze bei jedem Aufprall im Takt wippend, so dass im Halbdunkel fast nur die weißen Augäpfel und die rote Handschuhe sichtbar sind. An die hundert Höhenmeter saust er bergab, direkt auf uns zu, schneller und schneller werdend. Mit einem letzten Satz fliegt er über das Ende des Firnfelds hinaus und in eine Kuhle aus Lavabrocken. Da bleibt er sitzen wie erstarrt. Vor unseren Füßen. Gottseidank, denn unter uns bricht das Gelände steil ab.

„Was ist dir passiert?" Wir packen schon die Tüte mit dem Verbandsmaterial aus, da steht er schnell auf. „No problem!", sagt er hastig. Wir hoffen, der Schnaps der letzten Nacht wirkt noch nach.

Katzenschreck

Nach den tagelangen Sumpfgebieten an den Mondbergen Ugandas, dem wolkenverhangenen Margheritagletscher und der Besteigung des eisgepanzerten Margherita Peak, dem höchsten Vulkan-Fünftausender im Ruwenzorigebirge, nach dem Aufstieg auf den Kilimandscharo über die wenig begangene Umbwe-Route und nach einem Ausflug zum dritthöchsten Berg Afrikas, dem Mount Kenya, ging der einfachere Teil der Hochzeitsreise zu Ende und wir wagten uns an die zwei Wochen Safariurlaub in Kenia.

Mit einem angemieteten Jeep fuhren wir gemeinsam mit zwei deutschen Anhaltern, die wir in Nairobi mitgenommen hatten, in das Samburu-Reservat. Zebras, Giraffen, Antilopen, Büffel, aber auch Löwen, Elefanten, Büffel und Krokodile sollte man hier beobachten können. Tatsächlich schienen die Tiere nur auf uns gewartet zu haben. Allein die Fahrt vom Parktor zur Lodge wurde zu einem Schaulaufen. Abgesehen von Löwen, Leoparden und Krokodilen bekamen wir in diesen ersten Stunden alles zu sehen. Herrlich! Die Tiere Afrikas in freier Wildbahn. Ohne Zaun. Ohne Gitter. Ohne Wassergraben. Ohne „Bitte nicht füttern"-Schild.

Eine Übernachtung in der teuren Lodge kam natürlich nicht in Frage. Sowohl Nicole und Christian, die Mitfahrer, wie wir hatten Campingausrüstung dabei.

Ein wenig abseits des Rezeptionsgebäudes der Lodge lag ein primitiver Campingplatz: eine plane Fläche unter Bäumen, direkt am Hochufer des Flusses, ein Toilettenhäuschen mit Plumpsklo und nahe des Haupthauses ein Wasserhahn.

Das Zelt war rasch aufgebaut, dann schlugen wir Mehl, Milch und Eier zu einem Teig und genossen nach wochenlanger Leichtgewicht-Fertignahrung, nach Kochbananen mit Erdnussmus und in der großen Höhe kiloweise zerkochten Spaghetti einen wunderbaren Kaiserschmarrn.

Bald hatten die Kinder der Lodgeangestellten bemerkt, dass am Campingplatz Gäste angekommen waren. Für die meisten waren wir schnell langweilig geworden, aber ein kleiner Bub blieb in höflichem Abstand zu unserem Zelt da.

Da Andi das Backen des Schmarrn übernommen hatte, meldete ich mich für den Abwasch. Bis zum Wasserhahn an der Lodge war mir der Weg zu weit. Die Teigschüssel und die Pfanne würde ich nur schnell unten am Bach ausspülen. Drei, vier Meter unter uns floss der Uaso Nyiro-River als braunes Sand-Wasser-Gemisch dahin. Ich hatte gerade mit der Teigschüssel ein wenig Wasser geschöpft, als ich ein „Madam!" neben mir hörte. Der Bub war mir zum Bach gefolgt. Ich nickte ihm zu. „Madam!", dabei griff seine Kinderhand nach meinem Handgelenk. Er zog mich vom Ufer weg. „Krokodile!", erklärte er mir. Mit einem Meter Abstand zum Wasser kauerten wir da und der Bub zeigte auf den braunen, trägen Strom. Das Wasser bildete Schlieren, hier und da einen Wirbel, eine kleine Welle, mal kam ein Ast mit. Aber ein Krokodil konnte ich nicht entdecken. Mehr aus Höflichkeit und um das Kinderspiel mitzumachen, wusch ich das Geschirr später am weit entfernten Wasserhahn. An die Krokodile verschwendete ich keinen Gedanken mehr. Nicht nachts im Zelt, und nicht auf der Beobachtungsfahrt am nächsten Tag zum Sonnenaufgang.

Erst als wir am späten Vormittag auf der Brücke über den Uaso Nyiro fahren und dabei schon unser Zelt am Campingplatz sehen können und auch die Stelle, an der ich gestern die Krokodile hätte sehen sollen, da entdecken wir die große Sandbank, die sich im Fluss jetzt gebildet hat. Ein halbes Dutzend Krokodile verharrt dort regungslos beim Sonnenbad. An die vier Meter lang ist jedes einzelne. Sie liegen aufgereiht, farblich verschmolzen mit dem Ockerbraun des Flusses und der Sandbank. Noch während wir fasziniert die Kraftpakete bestaunen, steht eines auf, geht mit ein paar schnellen Schritten zum Fluss, gleitet ins Wasser und ist verschwunden. Bald glaube ich die beiden Hubbel eines Krokodilaugenpaares auszumachen. Aber einen Moment später ist die Wasseroberfläche schon wieder der träge, friedliche Fluss von gestern Abend. Ein paar Schlieren, ein kleiner Wirbel, eine Welle, sonst nichts.

Die nächste Zeltnacht in einem Nationalpark findet im Masai Mara statt. Wie in allen Parks gilt auch hier ein striktes Verbot, das Auto zu verlassen. Überall kann ein hungriger Löwe warten, ein aggressives Nilpferd oder ein Büffel. Meist friedlich und teils fast lethargisch dösen und grasen die Tiere, doch scheinbar ohne Grund können sie auch von „0 auf 100" kommen.

In den Informationen des Nationalparks war ausdrücklich auf die Möglichkeit zu zelten hingewiesen. Man solle sich beim Parkranger melden, dieser würde einem einen Platz zuweisen. Am Abend fragen wir uns zum Haus des Rangers durch. Wohngebäude und Schuppen stehen mitten in der Steppe. Anfangs können wir den Ranger nicht finden, doch dann fährt ein Jeep vor. Wir fragen nach einem Platz für unser Zelt. Verständnislos blickt uns der Ranger an. Mit weit ausholender Handbewegung deutet er auf den Hof, die Schuppen und die angrenzende Weite des Buschlands: „Reicht euch denn der Platz nicht?" Wir sollen das Zelt halt irgendwo aufstellen. Nur nicht vor seiner Garage.

Tagsüber dürfen wir also nicht aus dem Auto steigen, um nicht Löwenfutter zu werden und nachts können wir das Zelt mitten im Nationalpark aufschlagen? Wir bleiben im schamhaften Abstand zu einem der Wirtschaftsgebäude. Mehr als psychologischen Schutz bietet es nicht. Solange es noch hell ist, fühlt es sich eigenartig an, ohne Zaun und Gitter zum großen Masai Mara-Löwengehege sein Abendessen zu kochen. Aber dann beginnt es zu dämmern. Und Afrika wird wach.

Im Gebüsch raschelt und knackt es. Hufe und Pfoten laufen hörbar über den Boden. Kein Tier ist zu sehen, aber gerade das macht sie alle noch größer. Bald flüchten wir ins Zelt und ziehen die Reißverschlüsse zu, bringen uns hinter einer millimeterdünnen Baumwoll- und einer ebenso mickrigen Nylonhülle in Sicherheit. Draußen trappelt und schnaubt es. Es schmatzt und furzt.

„Du, ich glaub, ich muss nochmal raus." „Ich auch." Solange es geht, schieben wir den Moment auf, aber dann hilft alles nichts mehr und wir öffnen das Zelt. Dutzende von Augenpaaren schauen in meinen Stirnlampenschein: niedrige und hüfthohen, kleine und große, eng zusammenstehende und weit auseinanderliegende. Alle schauen sie mir beim Pieseln zu. Wem die Augenpaare wohl gehören? Im Halbschlaf fragen wir uns das die ganze Nacht, während draußen Afrika wach ist.

Im sicheren Jeep fahren wir am nächsten Tag weiter in den Amboseli-Nationalpark. Schon am Nationalparkeingang fragen wir nach den Campingmöglichkeiten. „Es gibt einen ausgewiesenen Zeltplatz. Ja, der ist mit Zaun gesichert." Da er nicht an einem Fluss und damit fernab von Krokodilen liegt, freuen wir uns auf eine sichere Nacht.

Tatsächlich ist der Zeltplatz eingezäunt. Eine Handbreit hoch ist ein dünner Draht gespannt, der das Areal des Campingplatzes von der umliegenden Savanne trennt. Wenn der Elefant nicht gerade schlurft, sondern die Füße hebt, dann merkt er nicht einmal, dass er den Zaun überstiegen hat. Aber als wir das sehen, ist die Zeltnacht schon gezahlt und wirkliche Alternativen gibt es nur weit außerhalb der Parkgrenzen.

Schutzlos wollen wir uns den Löwen diese Nacht nicht als Snack anbieten. Wir nehmen die Wanderstöcke und den Benzinkocher mit ins Innenzelt. Wenn der Löwe kommt, dann muss er eben warten, bis der Kocher brennt.

Im Lauf des Abends kommen wir auf die Idee, dass Katzen bekanntlich wasserscheu sind. Ein Topf mit Wasser reicht wahrscheinlich nicht, um eine Löwenfamilie in Schach zu halten, daher füllen wir die größte Schüssel, die wir haben, literweise mit Wasser. Sie ist so groß, dass sie nicht ins Innenzelt passt, sondern in der Zeltapsis bleiben muss. Jetzt sind wir gewappnet. Die Katzen können kommen.

Als es dunkel wird, erwacht die Savanne. Wieder grunzt und raschelt es, es trappelt und faucht. Afrika hat Hunger, es geht auf die Jagd. Und Afrika hat Durst. In unserem Vorzelt steht die Tiertränke.

Um unser Zelt wird es immer belebter und lauter. Die Tränke muss weg! Todesmutig öffnet Andi irgendwann den Reißverschluss des Außenzelts und kippt die volle Badewanne hinaus. Jetzt sollte Ruhe sein und wir in Sicherheit.

Doch der ausgetrocknete Savannenboden kann das viele Wasser überhaupt nicht aufnehmen. Nur ein kleiner Teil versickert, das meiste bleibt in Pfützen stehen. Hatten wir die Tiertränke vorher noch durch die Hülle des Außenzelts geschützt, so haben wir jetzt eine frei zugängliche Wasserstelle direkt vor unserer Haustür!

Souverän

Einen Maibaum und eine Wirtschaft braucht ein Ort, heißt es. Auf den Rest könne man notfalls verzichten.

Das Dorf, in dem ich lebe, hat Maibaum und Wirtschaft. Es gibt noch ein paar Bauern, die für frische Milch und Eier sorgen. Wir haben einen Imker, eine Bäckerei, einen Metzger und eine Tankstelle. Wenn es im Winter Schnee hat, läuft für die Kinder ein kleiner Skilift, liebevoll „Gletscher" genannt. Wenn einer der Knirpse nicht rechtzeitig langsamer wird, bremst ihn die Friedhofsmauer ab. Für die ältere Dorfjugend gibt es die Freiwillige Feuerwehr. Möchte man wissen, was im Dorf los ist, kauft man beim Tante-Emma-Laden ein, schaut im Sportverein vorbei oder wird krank.

Von außen sieht die Praxis des Dorfarztes wie ein normales Einfamilienhaus aus. Betritt man sie, so steht man in einem Zimmer, das Anmeldung, Büro und Warteraum zugleich ist. Die Arzthelferin kennt jeden mit Namen. Organisatorisches wird gleich jetzt geklärt. Ob man die Röntgenbilder mitgebracht hat, ob der Termin beim Urologen schon war, ob Stefan ohne Gips zurechtkommt, ob es der Theres wieder besser geht und dass Hans nochmals vorbeikommen müsste, weil das Labor die Stuhlprobe nicht zuordnen konnte. Der Ton ist sachlich, ohne überzogenes Mitleid. Jeder scheint zu wissen: So ist das Leben. Auf und ab. Leichte und schwere Tage. Geburt und Tod. Alle hören zu, es geht ja auch jeden an.

Auf einer Eckbank nimmt man Platz und wartet darauf, aufgerufen zu werden. Wer sich neu dazusetzt, dem lässt man eine Minute Zeit. „Wie geht ´s dir beim Moosbauer? Bist viel unterwegs?", fragt die Frau den jungen Burschen gegenüber. Eine Minute vergeht in Schweigen. „Euer Neuer, der ist nicht von da", stellt ein alter Mann zu seinem Nachbarn fest. Wieder vergehen in paar Minuten, bis ein anderer Patient das Wort an einen Anwesenden richtet. Immer ein, zwei Sätze nur. Auch als Antwort kommt nicht mehr. Beiläufig fallen die Sätze, wie im Selbstgespräch. Belanglosigkeiten scheinbar. Dabei wird vieles gesagt. Es wird gescholten, gelobt, Mut gemacht und Hilfe angeboten.

Max erhält einen Rüffel von der Nachbarin der Großeltern, dass er die schon zu lange nicht mehr besucht hat: „Jetzt hab ich dich schon lang nicht mehr gsehen." Jakob erfährt, dass der Nachbar ihm das Grundstück doch verkaufen würde, wenn er sein Angebot noch verbessert: „Red mer noch einmal. Bist heut beim Wirt?" Anna wird gepetzt, dass die Exfreundin ihres Verlobten ihm wieder schöne Augen macht: „Die Dorle, die kennst du auch, oder? Die hab ich am Dorffest gsehen. Aber da warst du schon weg."

Immer wieder geht auch die Tür zum Behandlungsraum auf. Der Arzt gibt dem Patienten auf den zwei Metern von der Tür zum Tresen letzte Hinweise und die Arzthelferin bekommt Aufträge für die weiteren Behandlungsschritte: Termine, Überweisungen. Die Wartenden hören mit, sitzen ja nur Armeslänge entfernt.

An diesem Tag ist das Wartezimmer schon fast leer. Vier Patienten warten noch. Und in der Spieleecke neben der Tür spricht ein Vater halblaut mit seiner kleinen Tochter. Sie sitzt auf dem Boden und malt. Als das Bild fertig ist, setzt sie sich auf den Kinderstuhl neben den Papa. Sie unterhalten sich. Die Kleine baumelt mit den Füßen. Wenn sie sich mit dem Rücken an der Stuhllehne anlehnt, reichen die Beine noch nicht auf den Boden.

Wieder geht die Tür zum Behandlungsraum auf. Ein Patient wird verabschiedet, der Arzt nimmt das nächste Patientenblatt vom Stapel. Er liest den Namen vor. Das kleine Mädchen verharrt, gibt sich einen Ruck und hüpft vom Stuhl. Den Blick nach vorne gerichtet, zupft sie sich ihren Rock zurecht. Dann strafft sich ihr Rücken, das Kinn hebt sich kaum merklich. Der Arzt, der sie noch nicht bemerkt hat – sie ist ja auch nicht auf seiner Blickhöhe - und auf die Wartenden auf der Eckbank blickt, nennt nochmals laut den Namen. Er ist es gewöhnt, dass manche älteren Dorfbewohner ihn nicht beim ersten Mal hören. Den zweiten Aufruf quittiert das Kind in keiner Weise. Ohne einen Blick zurück zum Papa schreitet sie am Tresen vorbei, am Arzt vorbei und durch die offene Tür in den Behandlungsraum. Der Papa lässt ihr zwei Meter Vorsprung. Schweigend folgt er ihr dann gemeinsam mit dem Arzt.

Türöffner

Selbst als die Abbay de Sénanque längst geschlossen hat, kommen immer noch neue Besucher an. Am großen Parkplatz am Ende der Zufahrtsstraße herrscht auch abends ein Kommen und Gehen. Immerhin finden die Spätankömmlinge eine Möglichkeit ihr Auto am Parkplatz abzustellen und müssen nicht wie mittags auf dem Sträßchen vom Pass herunter nach einer Parklücke suchen. Die abgelegene Zisterzienserabtei mit ihrer Kirche aus dem 12. Jahrhundert, den hellgrau verwitterten Bruchsteinmauern und den blühenden, betörend duftenden Lavendelfeldern ist auf der Bucketlist der Südfrankreichbesucher ganz weit oben. Auf unserer auch.

Der Zugangsweg zur Abtei gleicht einer Menschenschlange. Der eine wackelige Stein, auf den man steigen muss, um über die Mauer in den inneren Klosterbezirk zu sehen mit dem letzten Lavendelfeld, dessen mattes Lila mit den Mauern verschmilzt, ist auch jetzt noch mit Wartezeit verbunden. Dabei hatten die Zisterziensermönche immer bewusst die Abgeschiedenheit gesucht und ihre Klöster dort errichtet, wo ihnen die Natur schon mönchisches Leben vorgab. Welch Kontrast zum touristischen Trubel, der nun herrscht!

Nach dem Abendessen und dem letzten Foto von Kloster und Lavendel verlassen wir den Talkessel und fahren ein paar Kilometer zurück zu einem Wiesenstreifen unter Bäumen, den wir schon auf der Anfahrt als Übernachtungsplatz auserkoren hatten.

Auf der kurvigen Strecke ist tatsächlich nichts mehr los, einen einzigen Pkw lässt Andi überholen. Der fährt schon eine Weile hinter uns, scheint die Kurven zu kennen und nach Hause zu wollen.

Dann ist unser Platz unter den Bäumen erreicht. Wir schauen auf der Karte noch schnell nach, wie die morgige Fahrt verläuft.

„Pardon? Vous avez ...?" Auf der Fahrerseite ist ein eleganter Herr aufgetaucht, Marke legerer Unternehmer oder gediegener Künstler. Irgendein Werkzeug braucht er, aber unser Französisch reicht nicht, um sicher zu verstehen, was er genau benötigt. Wir vermuten einen Schraubenschlüssel, denn sein Auto steht in Rufweite in einer Ausweiche. Wir arbeiten uns im vollen Kofferraum zum Werkzeugkasten vor, finden den Schraubenschlüssel. „Ah, merci!" Der Franzose bedankt sich, aber seine Beine wollen nicht zum Auto zurück, die Körpersprache sagt: Leider hilft mir das nicht. Trotzdem geht er höflich zum Auto, kommt aber gleich zurück und fragt nach einem 21er Schlüssel. „Ich habe meinen Schlüssel vergessen. Zu dumm."

Wir gehen mit, um überhaupt zu verstehen, wo das Problem liegt. Für einen Moment denke ich, wenn ich ein Auto klauen wollte, so würde ich es machen: Ein eleganter Herr im mittleren Alter, der um Hilfe fragt und zwei treu-doofe Touristen, die ihr Auto mit allen Wertsachen offen mit dem Schlüssel im Zündschloss in der Dämmerung im Niemandsland stehen lassen und mitgehen.

Er führt uns nicht zum Auto, sondern zu der Schranke an der Forststraße, an der er parkt. Irgendwo dahinter ist er zuhause. „Ich habe meine Schlüssel vergessen und jetzt kann ich nicht aufmachen." Der Kofferraum ist offen, Tüten und Taschen stapeln sich, Einkäufe, eine Decke, feine Wildlederstiefel. „Entschuldigung, aber ich ziehe gerade um." „Wir nicht, bei uns sieht's im Auto immer so aus", möchte ich sagen, aber dafür reicht das Französisch nicht. Jedenfalls nicht nach dem langen Tag.

Wir schauen uns den Schließmechanismus der Schranke an. Andi holt eine Stirnlampe und weiteres Werkzeug, ich versuche mit den Fingern den Bolzen zu ertasten, an den der Schlüssel anpacken müsste. Das wird schwierig. Passendes Werkzeug haben wir nicht. Wir müssten improvisieren. Statt eines Schlüssels probiert Andi eine Zange aus, aber die eine ist zu kurz, die andere zu breit. Zuletzt hält er Omas alte Zange in der Hand mit ihrem verschrammten Eisengriff aus den 50er Jahren. Sie passt, aber der Bolzen lässt sich nicht drehen. Andi probiert es wieder und wieder. Endlich bewegt sich etwas. Millimeterweise. Dann besser. Und dann ist der Sperrmechanismus für die Schranke offen. Der Franzose war in der Zwischenzeit an der Schranke gestanden und hatte Andi und mir zugesehen. Jetzt strahlt er. „Danke! Danke! Ich hätte nicht gewusst ..." Er gibt uns den Schraubenschlüssel zurück und wir verabschieden uns.

Dann sieht er uns noch einmal prüfend an. „Wollt ihr hier übernachten?" Er deutet auf unseren Bus. Eine gefährliche Frage, zumindest in Deutschland, Österreich, der Schweiz, wo selbst noch so entfernte Anwohner schon einen langsam fahrenden Campingbus kritisch beäugen. Ich beschließe, ehrlich „ja" zu sagen. „Wenn ihr wollt, könnt ihr mit hinauf in die Hügel fahren. Der Blick ist schön." Ich bedanke mich und sage höflich „nein", übersetze dann aber für Andi. Der strahlt und meint: „Warum nicht?"

Nach langen drei Kilometern über eine grobblockige, teils steile, teils eingewachsene Forststraße kommen wir über eine Anhöhe und auf eine Lichtung. Ein altes Haus steht da. Der Franzose parkt davor und zeigt uns drei Möglichkeiten im hohen trockenen Gras, wo wir unseren Bus abstellen können.

„Kommt, kommt!" Plötzlich hat er Eile. Mit seinen teuren Straßenschuhen fetzt er durch die Büsche und über das steinige Gelände und führt uns zu einem Steinrondell zwischen Bäumen und Sträuchern, von denen man das letzte Rot am Himmel sieht über dem Tal. „Ich muss ein paar Bäume schneiden lassen", stellt er kritisch fest.

„Und Sie sind der ehemalige Prior des Klosters, oder? Wenn man an so einem Platz wohnt, muss man wohl Prior gewesen sein." Mit dem kleinen Scherz möchte ich ihn zum Reden bringen. Ich würde gern mehr wissen über unseren ungewöhnlichen Gastgeber.

„Ja, das Gebäude gehörte zum Kloster, es ist eines von sieben Außengebäuden. 12. Jahrhundert." Wir sind schon am Weg zurück zum Haus. „Kommt noch auf einen Aperitif! Einen Pastis. Kommt gleich hier durch!" Er sperrt die Haustür auf und wir stehen im Paradies: so gut wie keine Innenwände, offener Dachstuhl, auf der Südseite große Fenster, eine raffinierte Zwischenetage, außer großformatigen, modernen Gemälden kaum Einrichtung. Nur in dem großen Raum, der Küche und Esszimmer ist, spürt man, dass hier jemand lebt und arbeitet: drei antike Kommoden, ein freistehender Herd, eine große offene Feuerstelle, eine Tür in den Innenhof. Alles alt, schlicht, geschmackvoll. „Man hat mir gesagt, dass es das Paradies gibt, aber ich habe nicht gewusst, dass das auch stimmt." „Ja, ja, es ist schön hier", antwortet mir der Hausherr. Mehr Understatement geht nicht.

Bald sitzen wir auf der Wiesenterrasse vor seiner Küche, in der Hand ein Glas mit Pastis. Die Grillen zirpen, tief unten aus dem Wald kommen exotische Vogelstimmen. Es ist lau, ein leichter Wind kühlt die Hitze des Tages ab. Wir reden gar nicht viel, genießen eher die Atmosphäre. Einmal meint der Hausherr etwas im hohen Gras unter der Terrasse bemerkt zu haben. „Carotte!" Sein Haustier an diesem entlegenen Fleck ist ein Fuchs, den er Karotte getauft hat. Wir sehen ihn auf einem kurzen Handyvideo, in dem Karotte sich ein Stück Wurst holt.

Später frage ich den Franzosen nach den Bildern. „Haben Sie die gemalt? Sind Sie Künstler? Oder Sammler?" Das Thema scheint ihn kaum zu interessieren. Ja, die Bilder. Er hat gesammelt. Früher. Jetzt sind sie halt noch da. Er zuckt mit den Schultern. „Sie hängen da, aber sie sind nicht mehr wichtig?", fasse ich zusammen, nur um sicher zu sein, dass ich ihn richtig verstanden habe. „Ja." Er zögert. „Ich habe Gott getroffen. Die Bilder sind jetzt nicht mehr wichtig."

Wir schweigen wieder. Trinken. Unser Gastgeber muss noch Blumen gießen. Wir leeren die Gläser. Mit Pastis geht das für uns nicht so schnell. Schließlich sind sie leer, die Blumen sind versorgt.

Ich bin nochmal neugierig, möchte gern wissen, ob Gott sich hat suchen lassen oder ob er von selbst in seinem Leben vorbeigeschaut hat.

Seine Antwort ist auf subtile Art selbstbewusst. Er antwortet nicht auf meine Frage, sondern sagt, was er sagen will und was ihm wichtig und richtig scheint. „Es hat mich getrofffen. Zum zweiten Mal schon. Beim ersten Mal habe ich es ignoriert. Meine Frau war dagegen, sie hat sich gesträubt. Jetzt sind wir getrennt und ich habe Gott wieder getroffen. Es hat richtig eingeschlagen. Meine Tochter ist ähnlich. Seitdem läuft´s auch zwischen uns gut."

Mehr gibt es nicht zu sagen. Wir haben uns gegenseitig geholfen, wir haben gemeinsam den Sonnenuntergang gesehen, haben Pastis getrunken, geschwiegen und wissen trotz weniger Sätze und sprachlicher Hürden mehr von einander als Fremde von einander wissen dürfen.

Omas alte Zange hat wunderbare Türen geöffnet.

Valentinstag

Morgens um Viertel nach sieben erreichen die ersten Sonnenstrahlen die Schneehänge über Furtwangen. Schlagartig fühlen sich die -9° C wärmer an. Weiches Morgenlicht modelliert die Kuppen der vor uns liegenden Hügellandschaft, im weiten Linksbogen führt die Loipenspur auf die nächste Anhöhe, vorbei an einem Schwarzwälder Bauernhaus. Der Rauch steigt dort aus dem Kamin, aus ein paar Fenstern scheint das Licht. Vielleicht sitzt da gerade eine Familie bei Kaffee oder Kaba am Frühstückstisch, den warmen Ofen im Rücken? Im Freien aber glitzern die Schneekristalle, die Bäume sind vom Raureif überzogen und der Schnee in der frisch gespurten Loipe knirscht bei jedem Skiabdruck. Mit leisem Surren der Ski bewegen wir uns dahin. Gespannt, voller Erwartung, was der Tag bringt. Hinter uns liegen die ersten zwanzig Kilometer des Skifernwanderwegs Schonach-Belchen. Vor uns liegt die Ewigkeit.

Es sind diese paar Meter in der langen Linkskurve, es ist das Surren der Langlaufski und die Kälte, das Funkeln der Kristalle im ersten Licht und die Vorfreude, dass dieses Abenteuer nie zuende geht – zumindest sehr lange nicht -, die später zum bleibenden Eindruck unseres „Projekts Rucksacklauf" werden.

Lange Zeit laufen die Vorbereitungen dafür schon. Nach einigen Jahren im Fototeam des norwegischen Birkebeiner-Langlaufrennens hatten wir uns erstmals selbst an die 54 Kilometer lange Rennstrecke gewagt. In den Folgejahren waren wir sie ein zweites, drittes, sechstes Mal gelaufen. Schön war sie immer geblieben, aber unser fast ehrfürchtiges Staunen, dass die lange Distanz über die Fjelllandschaft auch für uns Normalsterbliche zu schaffen war, hatte sich allmählich gelegt. Warteten irgendwo da draußen noch neue, größere Herausforderungen auf uns?

Aus Zufall war ich über ein Animationsvideo gestolpert, das das grönländische Arctic Circle Race bewarb. 160 Kilometer über drei Tage verteilt, mit Übernachtung im Zeltlager. Eine fantastische Strecke mit unendlich weiten Blicken über die weiße Landschaft, über Fjordarme und hinaus aufs Meer. Unter den Teilnehmern waren russische Olympiasiegerinnen und alte Haudegen, die schon auf Ski geboren worden waren. Die Bilder zeigten austrainierte Langläufer mit Highend-Equipment, gebeutelt vom Sturm, ausgezehrt von Kälte und Anstrengung.

Über ein paar Jahre spukte das ACR in meinem Hinterkopf. Dann schien plötzlich alles zu passen: Die Termine von Birkebeiner und ACR hatten ausreichend Abstand. Meine Recherchen zu Grönland wurden intensiver. Vor allem über die Anzahl der Höhenmeter fanden sich widersprüchliche Angaben: zwischen moderaten 1000 Höhenmetern pro Tag und völlig utopischen 2500

Höhenmetern. Endlich tauchte eine Seite auf mit dem aktuellen Loipenplan des Rennens. Auf ganz andere Art als ich es vermutet hatte, war das Projekt auf einen Schlag gestorben. Statt wie früher weit über den Polarkreis nach Norden zu laufen, ziehen die Teilnehmer seit in paar Jahren in weiten Schlaufen ihre Runden in unmittelbarer Nähe der Ortschaft. Selbst die Zeltstadt liegt Luftlinie nur zehn Kilometer von der Siedlung Sisimiut entfernt. Sich bei -10, -20 oder -40° C nachts im Zelt den Hintern abzufrieren, obwohl man mit einer Dreiviertelstunde Laufen im Warmen sein könnte, das ist doch, als würde ich den Schlafsack im Vorgarten ausbreiten und so tun, als wäre das bereits das Abenteuer.

Wie eine Seifenblase war der Traum geplatzt. Für die entstandene Leerstelle gab es von Freunden bald Input: Engadiner Skimarathon? Zu kurz. Marcialonga? Besser, aber noch keine Herausforderung. Vasalauf? Ja, 90 Kilometer. Das war natürlich viel mehr, als wir je gelaufen waren. Aber außer den rund 200 Höhenmetern zu Beginn, geht es dann fast nur bergab. Außerdem schien der Vasalauf nur für das eigentliche Rennen gespurt. Mit zwanzigtausend anderen zu laufen, hat aber seine Nachteile. Schließlich entdeckte ich den Rucksacklauf. Ein Tag, 101 Kilometer, 2300 Höhenmeter, die Durchquerung des Schwarzwalds. Das waren nun wirklich eine Distanz und Höhenmeter, die an die Grenze des für mich Vorstellbaren gingen.

Im ersten Jahr des Projekts Rucksacklauf sorgte die geringe Schneelage dafür, dass ich mir die Frage der

Machbarkeit nicht stellen musste. Jahr zwei: wieder kein Schnee. Jahr drei: Der Rucksacklauf fühlte sich schon wie ein alter Bekannter an, der sich rar macht. Das „ob" stand nicht mehr zur Frage, nur noch, wann geht es eigentlich? Probleme in der Schulter und sechs Wochen Sehnenscheidenentzündung nehmen mir im Jahr drei die Entscheidung ab. Die Loipe wäre zwar für eine gute Woche lang komplett gespurt gewesen, aber das Wochenende über hatte ich in Paris fotografiert und die restlichen zwei, drei Tage mit ausreichend Schnee waren meine ersten Tage ohne Schiene am Handgelenk – keine optimalen Voraussetzungen für einen 100 km-Lauf.

Jetzt im vierten Jahr warten wir bis nach Weihnachten auf den Schnee, ja, so richtig beginnt der Winter am Dreikönigstag. Dann allerdings mit einer Wucht, wie wir sie kaum mehr kennen. Dem Training steht nichts mehr im Weg. Motiviert bin ich, aber vor allem am Anfang muss ich mich bremsen, um nicht zu große Distanzen zu laufen: nicht über die 20-Kilometer-Marke solange die Saisonleistung noch unter 100 Kilometer liegt. Keine 30 Kilometer, solange ich noch unter 200 Kilometer bin. Danach weiche ich die Regel immer mehr auf. Vierzig und fünfzig Kilometer gehen. Auch die Knie spielen mit. Gab es Anfang Januar Tage, an denen ich vor Schmerzen kaum ins Auto einsteigen konnte, so laufe ich jetzt meist ohne Bandage und praktisch schmerzfrei.

Nach nur fünf Wochen Training tut sich eine Chance auf. Laut Loipeninfo ist die gesamte Strecke von Schonach nach Belchen gespurt. In der nächsten

Woche sollen nochmals Schneewolken über den Schwarzwald ziehen und die Nächte bleiben kalt. Danach könnte es eine Chance geben. Jetzt nur nicht krank werden. Statt der letzten Trainingseinheiten trinke ich Ingweraufguss mit Honig, schlucke Grippetropfen und schlafe doppelt so lange als sonst. Nur nicht krank werden. Nicht krank werden.

Noch einmal gehen wir das Projekt im Kopf durch. Jeder für sich. Ich lade einen Track herunter, ein wenig in der Hoffnung, dass der Veranstalter des Rucksacklaufs die 2300 Höhenmeter eher aufgerundet hat, um den Lauf wertiger zu machen. Das ist aber leider nicht so. Der Track hat statt 2300 sogar 2600 Höhenmeter. Auch die Norwegenstrecke überprüfe ich nochmals. Im Kopf ist sie im Lauf der Jahre auf 1200 Höhenmeter angewachsen. Laut Track hat sie aber in unserer üblichen Laufrichtung nur 700 Höhenmeter. Die Daten zum Rucksacklauf teile ich mit Andi, die „nur" 700 Höhenmeter beim Birkebeiner behalte ich für mich. Solange er nicht nachfragt, muss ich auch nichts sagen, beschließe ich. Bei anderen Themen sind wir ehrlicher: Was wenn einer abbrechen will? Dann kann er das tun, der andere darf weiterlaufen. Fotografieren auf der Strecke? Wir einigen uns auf maximal drei bis vier Motive pro Hälfte. Wir möchten es einfach versuchen, auch wenn die Hoffnung, in einem Tag durchzukommen, nicht allzu groß ist. „Bei einem so großen Projekt darf man scheitern. Aber es gar nicht erst versuchen, das ist nicht in Ordnung", beschließe ich für mich.

Am 9. Februar findet das offizielle Rennen „Rucksacklauf" statt, das Wetter ist gemischt und ich denke immer wieder mal an die Läufer. Wie viele wohl durchkommen? Am Sonntag sehe ich, dass von gut 350 Startern immerhin 102 in Belchen angekommen sind, darunter acht Frauen in Klassiktechnik – so viel wie noch nie! Es gab Jahre, in denen eine einzige Frau im Ziel ankam.

Montag. Es soll noch leicht schneien im Schwarzwald, der Dienstag wird sehr kalt, aber am Mittwoch müssen Top-Bedingungen herrschen. Nachts -8 bis -10° C und tagsüber auf leichte Plusgrade steigend. Danach wird es rasch von Tag zu Tag wärmer. Genau genommen bleibt uns nur der Mittwoch.

Am Montag arbeiten wir, dann wird endgültig gepackt. Seit Freitag liegt alles parat, abgewogen, gewaschen, funktionsgeprüft. Wir haben die Ausrüstungsliste des ersten Birkebeiners konsultiert und angepasst. Mein Gepäck umfasst eine Restrolle Reservewachs, Tape, zwei Taschentücher, einen Ersatzbuff, die Sonnenbrille, die Stirnlampe mit frischen Batterien, einen gelben Müllsack des Landkreises München (mit 14 Gramm die leichteste Form des wind- und regenabweisenden Überrocks), eine dicke Scheibe Marzipanstollen, eine Packung Manner, ein Snickers, abgezählte zehn Gummibären, acht Hustenbonbons, einen 50 Euro-Schein, einen Notizzettel mit den Eckdaten des Routenverlaufs, 0,3 Liter Cola, einen halben Liter Tee, als Übernachtungsgepäck eine Unterhose, ein T-shirt, ein Paar Socken und zwei Aspirin (zusammen 128 Gramm schwer) und einen dünnen Anorak. Alles zusammen passt in eine leichte Gürteltasche. Andi hat statt Wachs, Tape, Buff und dem zweiten Getränk eine kleine Kamera dabei und trägt mit 160 Gramm etwas schwerer am Übernachtungsgepäck. Vermutlich schlagen hier Zahnbürste und Zahnpasta von einem Langstreckenflug zu Buche. Am Abend präparieren wir die Ski, dann das obligatorische Fußbad, ein großer Topf Spaghetti und dann geht es früh ins Bett.

An der großen Tankstelle in Lindau versorgen wir uns bei der Fahrt in den Schwarzwald noch mit je einem Paar Tankhandschuhen – die leichtesten Überhandschuhe, falls der Wind zu sehr pfeifen sollte. Dann steuern wir Hinterzarten an. Hier ist bei Kilometer 58 der beste Ort, um Mittagspause zu machen. Ist der Ortsdurchgang gut beschildert? Oder endet die Loipe am nördlichen Rand und man muss selbst suchen, wo es im Süden weitergeht? Mit Grauen erinnere ich mich an den ersten Birkebeiner, als ich nachts allein die richtige von einem Dutzend Loipen beim Ausgang des Skistadions verpasst hatte und erst nach einer Stunde mit Extrarunden über die Berge von Nordseter in die richtige Richtung losgelaufen war. Das können wir uns morgen nicht leisten.

Aber alles ist bestens. Die Loipe von Schonach endet an der Dorfstraße, die Bäckerei ist in Sichtweite und der Wiedereinstieg zum Feldberg ist gegenüber angeschildert. Auch ein kleiner Supermarkt ist nicht weit. Beruhigt fahren wir weiter zum Start, das GPS-Gerät lasse ich mitlaufen, denn die Straße geht auf diesem Abschnitt in Sichtweite zur Loipe. Viel bergauf und bergab sehen wir da und irgendwann nur noch orange Orientierungsstangen im unverspurten Weiß. „Stopp! Da gibt's keine Loipe mehr!" Wir halten, schauen, steigen aus, suchen. Unter fünfzehn bis zwanzig Zentimeter Neuschnee erkennt man schwach die alte Piste. Spuren die das noch? Heute? Von einem Moment auf den nächsten ist der verhaltene Optimismus weggeblasen.

Aber es lässt sich ja nicht ändern. Wir fahren weiter nach Schonach zum Start. Laut Track stehen wir am Parkplatz bei der Schule in Schonach am Beginn der Loipe. Ein älterer Langläufer kommt uns gerade entgegen, es dämmert schon. „Der Skifernwanderweg? Ja, der beginnt hier. Aber besser startet ihr oben am Skizentrum. Hier ist die Loipe nicht mehr gut." Er weist uns den Weg und wir stehen bald vor einer Baracke mit Umkleiden, Toiletten und Schutzraum. Der Pistenbully zieht seine Runden, er hat schon die Scheinwerfer an. Wir wollen den Fahrer fragen, wo die Loipe losgeht, aber er ist am Arbeiten.

Es klopft an unserer Busscheibe, der Pistenbully-Fahrer. „Wollt's ihr da übernachta?" Wir drucksen herum. „Ja, eigentlich ... Wir wollten morgen den Rucksacklauf machen." „Den Rucksacklauf? Ja, der is schön! Ganz schön. Nach Rinken zieht sich's halt. Aber danach isses fast wie in Skandinavien. Doch, des is schön. Auf mehrere Tag. Am Samstag war ja der Lauf." Wir nicken wissend. „Ja, an eim Tag, des is nur was für Obrennte." Obrennt. Auch ohne schwäbische Sprachkenntnisse ist klar, was das zu heißen hat.

Nochmal Spaghetti und um acht Uhr sind wir im Bett. Acht Stunden Schlaf. Um vier Uhr klingelt der Wecker. Anziehen, frühstücken, ein Selfie vom Start, 5:15 Uhr, im letzten Moment tausche ich noch den dünnen Anorak gegen den dicken ein – die -9° C sind mir einfach zu kalt für die dünne Langlaufjacke. Und dann geht's los. Mit den ersten Schritten fällt die Anspannung der letzten Wochen ab. Jetzt sind erstmal Füße und Arme dran.

Es ist frisch gespurt, kalt, sternklar. Im Stirnlampenschein geht es einfach der Loipe nach. Für 500 Meter. Bis zur ersten Verzweigung. Ein oranges Schild weist die Richtung. Weiter. Rhythmus schaffen. Eine erste sanfte Abfahrt. Sie führt auf eine Gabelung zu. Aber beschildert ist diesmal nichts. Wir bleiben stehen. Gerade noch in Sichtweite der Stirnlampe entdecken wir rechts ein oranges Schild, das muss es sein. Wieder nehmen wir Tempo auf. Läuft gut. Ich komme in Rhythmus. So kalt ist es im Wald gar nicht.

Der Hang neigt sich jetzt stärker, die Waldschneise wird breiter und wieder gabelt sich die Loipe. Kein Schild. Andi läuft rechts weiter, ich links. Nach ein paar hundert Metern kehren wir jeweils um. Beschilderung hat keiner von uns gefunden, aber wir setzen auf links. Eine reine Bauchentscheidung, die sich als richtig erweist.

Ein paar Minuten später haben wir an einer Dreifachverzweigung wieder die Qual der Wahl. Diesmal sind wir uns nicht einig und entscheiden uns aus Glück heraus für die gerade Linie mit dem ersten längeren Anstieg. Eine Kuppe, eine orange Stange und schon folgt die nächste Abfahrt. Andi taucht an, ich nehme etwas Tempo heraus. Mit zwei-, dreihundert Metern Vorsprung sehe ich seinen Stirnlampenschein. Das ist in Ordnung so. Jeder muss sein eigenes Tempo machen. Dass Andi am Fuß des nächsten Hangs stehen bleibt, ist nicht nötig. Hoffentlich schaut er mit seiner starken Stirnlampe nicht, wo ich bleibe, sonst bin ich so geblendet, dass ich die Loipe nicht mehr sehe.

Die Abfahrt wird immer schneller. Ich bremse mit den Stöcken leicht an. Aus der Spur gehen ist mir zu heikel. Noch fünfzig Meter bis Andi. Er schreit. Später wird er mir erklären, dass er „spring!" gerufen hat. Aber das Rattern der Ski in Kombination mit Mütze und Buff über den Ohren sorgen nicht gerade für gute Akustik. Außerdem ist mein Prozessor mit den optischen Signalen beschäftigt. Ein paar Meter vor mir fehlt ein Stück Loipe. Da hat ein kleiner Wiesenbach die Spur auf einen Meter Länge ausgefräst und einen Meter tiefen Wassergraben gezogen. Bremsen oder springen? Ich bremse. Fürs Springen bin ich schon zu langsam. Das ist also der Rucksacklauf! Wenn es in der Art weitergeht, stehen uns noch viele spannende Stunden bevor.

Eine Straße taucht auf, eine verschneite Holzhütte, ein Dixiklo. Wir sind an der Martinskapelle. Eine kurze Pause schadet nach eineinviertel Stunden mit 600 Höhenmetern und vierzehn Kilometern nicht. Die Holzhütte ist frei zugänglich, wir setzen uns kurz ins Warme, trinken einen Schluck und essen einen

Bissen, dehnen, Brille putzen, schnäuzen, Pinkelpause. Als wir wieder die Ski anschnallen, sind die Sterne deutlich schwächer, am Horizont ist im Osten schon ein Dämmerungsstreifen zu sehen. Es verspricht ein strahlender Tag zu werden.

Achtzehn Kilometer ist das nächste Teilstück mit nur vierhundert Höhenmeter Aufstieg. Das schönste Stück im Nachhinein gesehen. Es dämmert, die Sonne geht auf, es wird wärmer, Bäume im Raureif säumen die Waldränder, ab und zu geht es an Schwarzwaldhäusern vorbei: Es läuft. Fersenabdruck, Stockeinsatz, Rhythmus. Auch, dass der gestern noch verschneite Streckenabschnitt heute frisch gespurt ist, gibt Auftrieb. Ein paar Stellen erkennen wir von der Autofahrt wieder. Auch das hilft.

Natürlich gibt es auch die unzähligen Querungen von Straßen. Manchmal ist ganz klar, dass man die Ski abschnallen muss, aber oft – vor allem in der Abfahrt – hoffen wir, dass nicht bis auf den Asphalt geräumt ist und wir den Schwung ausnutzen können. Es ist jedes Mal wieder ein Pokerspiel. Es gibt die Passagen, in denen das Spurgerät die Loipe in steile Querungen gelegt hat. Dort haben die Ski kaum Führung und jeder Schritt ist doppelt anstrengend. Es gibt die Abfahrten, die am tiefsten und damit schnellsten Punkt im 90°-Winkel abknicken. Vor allem Andi ist mit den längeren Ski da im Nachteil. Teils hebelt es ihn aus der Spur. Dann gibt es Abfahrten, in denen die Spur mehrmals hintereinander einen Versatz von einer Armlänge macht. Friss oder stirbt, heißt es dann. Oder: brems oder flieg.

Nach viereinhalb Stunden meldet sich der Magen. An einer sonnigen Kuppe teilen wir uns im Stehen schnell eine Flasche Cola und eine Packung Manner. Ob wir die 18 Kilometer dieses Teilstücks schon geschafft haben? Wir wissen es nicht. Doch bald nach der Pause passieren wir ein Schild „35", wir sind also seit in paar wenigen Kilometern auf dem dritten Teilstück: 25 Kilometer und 600 Höhenmeter, also deutlich flacher als die erste Etappe.

Beim Weiterlaufen beginne ich erstmals zu rechnen. In meinem Kopf kommen aber wohl die Zahlen durcheinander, denn es kommt heraus, dass wir für die „flachen, nur 25 Kilometer" bis Hinterzarten eineinhalb Stunden brauchen und damit kurz nach elf Uhr eintreffen - gleich noch ein zweiter Denkfehler. Kein Wunder, dass es der anstrengendste und für mich psychologisch schwierigste Abschnitt wird. Erstens sind 600 Höhenmeter immer noch 600 Höhenmeter, egal auf wie viel Kilometer man sie verteilt. Auch und vor allem wenn man schon seit über vier Stunden unterwegs ist. Zweitens wird die Spur um die Mittagszeit nicht schneller. Und drittens sind wir auf so langen Strecken noch nie einen Schnitt von 14 Kilometern gelaufen, so dass eineinhalb Stunden auch falsch sind.

„Weißtannenhöhe ist der nächste Punkt, das muss jetzt kommen", macht Andi Hoffnung. Eine gefühlte Stunde später erst taucht ein Hüttchen auf mit dem

Schild „Weißtannenhöhe". Jetzt geht es erstmal nur noch bergab nach Hinterzarten.

In der Abfahrt lerne ich aber bald schon die Aufstiege zu schätzen. Denn „steil" ist gar kein Ausdruck für die Abfahrten. Außerdem sind jetzt um die Mittagszeit auch andere Läufer unterwegs. Immer wieder müssen wir also aus der Bahn, hinaus in den weichen Schnee und sturzfrei in die Überholspur. Weil die aber schlechter läuft, geht es nach dem Überholvorgang zurück auf die rechte Spur. Meine Lieblingsstellen kommen auf den letzten zehn Kilometern vor Hinterzarten: eine Abfahrt über eine unübersichtliche Kuppe, hinter der die Spur scharf rechts abknickt, man aus der Bahn muss, im Karacho über etliche Meter gefrorene Pistenraupenboller, um dann wieder in eine neu einsetzende Klassikloipe einzufädeln. Und - auch schön – eine gut körperbreite „Fußgängerschnecke" mittels der auch die Loipe eine große Straße überquert.

Kurz nach 12 Uhr erreichen wir Hinterzarten. 58 Kilometer und 1600 Höhenmeter liegen hinter uns. Andi biegt gleich zum Supermarkt ab und kommt dann mit fünf Litern Cola und Apfelsaft ins Cafe nach, nicht ohne die Flaschen einige Male auf dem Weg zu verlieren. Ich gebe inzwischen die Tee- und Quarktaschenbestellung auf. Eine knappe Stunde trinken wir Tee, trocknen die Handschuhe, den Anorak, die Bandage, füllen Cola in unsere Flaschen ab, die wir mitnehmen wollen, und gehen die nächste Teiletappe durch.

„Nach Rinken zieht sich´s", ist mir noch im Ohr. Das sind die nächsten zehn Kilometer. Fünfzehn Kilometer insgesamt, um über den Feldberg zu kommen, 640 Höhenmeter. Am Höhenprofil sieht der Abschnitt aus wie eine Fieberkurve eines Patienten, der kurz vor dem Exitus steht.

Ein weiterer einzelner Langläufer kommt ins Cafe, um dort seine Mittagspause zu machen. Er hat sich den Rucksacklauf auf drei Tage vorgenommen. Dass wir heute noch ins Ziel kommen wollen, ist bald klar. Während ich die letzten Bissen essen, macht Andi noch ein Bild vom Cafe. Bei der Gelegenheit nimmt ihn der Langläufer beiseite. Wie belastend das doch für eine Beziehung wäre, wenn ein Partner so ehrgeizige Ziele verfolge. Er selbst hätte vor zehn Jahren mit seiner damaligen Partnerin die Strecke in einem Tag laufen wollen ... Andi hört aufmerksam zu. „Zu meiner Verteidigung kann ich nur sagen: Meine Idee war es nicht, das in einem Tag zu machen." Damit endet die Eheberatung dann auch schlagartig.

Der Schnee ist sulzig weich, die Sonne sticht, die Knie haben mir die Pause übel genommen. Oder die letzten 60 Kilometer. Wer weiß.

Auch die Worte des Eheberaters klingen nach: „Bis Belchen? Das schafft ihr nie!" Vor mir tippelt ein älteres Ehepaar über die Spur. Von laufen oder gleiten keine Rede, trotzdem brauche ich ewig, um erst sie, dann ihn zu überholen. Außerdem wollen der Tee und die eineinhalb Liter Cola ins Freie. Um meinen Kopf abzulenken, rechne ich. 15 Kilometer bis über den Feldberg, das sind zu Fuß drei Stunden. Eine Wanderung an einem schönen Wintertag. Perfekt. Und jeder Meter, den man etwas schneller als zu Fuß vorwärtskommt, ist geschenkt.

Aber geschenkt gibt es am Rucksacklauf nichts. Bald schon schnallen wir an den steilen Aufstiegen die Ski ab und gehen zu Fuß. Irgendwann ist der Winterwanderweg die steilere und damit schnellere Alternative. Auch Andi kämpft, er überlegt, ob er umdrehen soll nach Hinterzarten. Aber das erzählt er erst am Tag danach.

In einem Flachstück schnallen wir die Ski wieder an, es geht sogar nochmals bergab. Ich weiß nicht, ob ich mich über die paar schnellen Meter freuen soll oder den verlorenen Höhenmetern nachtrauern soll. Schließlich endet die Loipe. Stimmt, das hatte ich gelesen, ein Stück im Feldberg-Aufstieg wird nicht gespurt. Ernst genommen hatte ich das nicht. Aber jetzt fällt es mir wieder ein. Über den Waldweg könnte ein Spurgerät sowieso nicht fahren – viel zu schmal. Eine gute Viertelstunde wandern wir zu Fuß teils steil bergauf, dann setzt die Loipe wieder ein.

Der große Turm am Feldberg taucht auf. Unsere Loipe zieht direkt auf ihn zu. Nochmals eine Fotopause, dann sind wir oben. Der höchste Punkt. Fantastisch ist der Blick auf die Schweizer Alpen. Wir haben wirklich einen Traumtag erwischt. Pause machen wir aber keine. Einen Gummibären und weiter. Vielleicht gibt es ja doch eine Chance für uns. Jenseits des Feldbergrückens führt die Loipe auf dem Winterwanderweg bergab. Bockhart ist die

Spur gefroren, von unzähligen Fußgängern verfestigt und zertrampelt. Die Wanderer gehen fast alle in Deckung, als sie uns herankratzen hören. Trotzdem ist es eine Fahrt an der Sturzgrenze. Jedes Kleinkind, jeder freilaufende Hund, jede orientierungslose Oma wird zum potenziellen Zerschell-Faktor. Dazu eine 180°-Wende nach rechts und eine lange, immer schneller werdende Abfahrt zur Todtnauer Hütte. Ich wünsche mir längst den nächsten Anstieg herbei.

Andi ist voraus, er macht ein schnelles Bild von der Todtnauer Hütte, schließlich ist das ein markanter Wegpunkt. Aber an Einkehr verschwenden wir keinen Gedanken. Wir haben Kilometer 70 passiert. Vielleicht, vielleicht ...

Notschrei heißt das nächste Etappenziel. Keine zehn Kilometer. Dort hätten wir achtzig Kilometer hinter uns. Das ist mehr als je zuvor. Ein Grund zum Feiern allemal. Meine Bandage habe ich vor der Abfahrt noch auf die linke Seite gewechselt. Beide Knie tun weh, da muss man auf Gleichberechtigung achten. Durch viel Wald geht es hinab. Ganz ohne Mühe ist das nicht und natürlich kommen auch Zwischenanstiege.

Achtzig. Ein fast magisches Schild. „Wenn ich den Rest zu Fuß gehen muss, bin ich in vier Stunden da", überlege ich. „Noch dreimal die Schreyernrunde", rechnet Andi, der mit unserer Trainingsloipe zuhause vergleicht. Inzwischen sind die Schmerzen in den Knien wieder weg. „Das ist das Endorphin", sagt

Andi. Mir doch egal, warum mir nichts mehr weh tut!, denke ich.

Mehr als ein Straßenübergang ist Notschrei für mich nicht. Und ein paar herrenlose Langlaufski, die in der Loipe liegen. „Der wollte den Rucksacklauf machen, hatte die Schnauze voll und hat die Ski gleich liegen lassen." Im Gehen teilen wir uns nochmals Gummibären. Siebzehn Kilometer noch, zwei Anstiege, insgesamt 440 Höhenmeter und 550 Höhenmeter Abfahrt. Erstaunlich, wie rund und schmerzfrei die Bewegung auf gerader Strecke noch funktioniert. Nur steile Anstiege tun weh und natürlich die Abfahrten.

Die Sonne steht schon wieder flach. Eine kurze Pause, nochmals ein Schluck Cola – ich kann es bald nicht mehr sehen -, der Sonnenuntergang und weiter. Hinunter zum Wiedener Eck. Der Schnee hat angezogen, die Spur vereist zunehmend. Fassungslos stehen wir an der Hangkante über dem Wiedener Eck. Stangengerade zischt die Loipe bergab. Wir schätzen den Hang auf 25 bis 30° Steilheit. Selbst auf Tourenski mit Stahlkante wäre die Abfahrt mit der glasierten Spur und den gefrorenen Fußspuren in der Skatingpiste kein Vergnügen. Mit Langlaufski ein Himmelfahrtskommando. Andi versucht sich im Bruchharsch im freien Gelände, ich schnalle die Ski bald ab und laufe zu Fuß hinab. So steil wie es ist, geht das wenigstens schnell.

Das 90er Schild muss irgendwo kommen, ich sehe es nicht. Egal. Jetzt müssen wir nur noch mit heilen

Knochen heimlaufen. Den Rucksacklauf nimmt uns keiner mehr.

Ein Anstieg, die nächste Abfahrt. Zwischenanstieg, Kurve, Abfahrt. Steil. Es wird Zeit für die Stirnlampe. „Vom Aufgang der Sonne bis zu ihrem Untergang ..." Ob das so gemeint war?

Für die vereisten Abfahrten nehme ich mir Zeit, es pressiert nicht mehr. Ob wir eine Viertelstunde früher oder später ankommen, ist egal. Vierzehn Stunden, irgendwo um diese Zeit werden wir uns bewegen. Eine Kurve, ein Licht. Andi soll vorausfahren und schon mal nach einem Zimmer fragen. Aber er wartet in der Nähe des Hauses an einer Straße. Belchen 3,6 km steht da auf einem Wanderschild. Es deutet bergauf. Kann nicht sein. Aber es wäre mir fast egal. Was sind drei Kilometer nach hundert Kilometern?

Andi fragt am Haus nach, doch keiner dort spricht deutsch. Sicher zehn Minuten dauert es, bis sich jemand findet, der uns weiterhelfen kann, dann höre ich Andis Aufforderung: „Go!" Ich zische auf der Fortsetzungsloipe bergab. Längst ist es stockdunkle Nacht. „Fünf Minuten", sagt Andi, als er mich eingeholt hat. Tatsächlich steht auf der nächsten Lichtung ein erleuchtetes Haus. „Belchen-Multen" steht darauf. Wir sind da. Vergleichsweise emotionslos machen wir ein Selfie. Vorher-nachher. Schonach-Belchen. Beide Male ist Nacht. Dann gehen wir zur Eingangstür des Hotels.

„Heute Ruhetag." Ein großes Holzschild, so breit wie die ganze Tür. Wir stellen erst einmal die Ski und

Stöcke ab. Drinnen brennt Licht, ich sehe durchs Fenster Köpfe. Vielleicht die Wirtsleute oder der Stammtisch. Irgendwas wird schon gehen, denke ich. Andi drückt die Klinke, kaum zu glauben, aber sie geht auf. Ein paar Minuten später ist er wieder da: „Doppelzimmer oder Taxi zum Auto?"

Wir bleiben natürlich und sitzen wenig später bei Suppe und Bier am festlich gedeckten Tisch. Zwischen roten Rosen und Kerzenschein schaufeln wir Suppe und Kässpatzn, schließlich ist heute Valentinstag.

Hausschuhe

Könnten Dinge sprechen – was würden sie dann wohl erzählen, unsere Hausschuhe? Morgens begleiten sie uns ab der ersten Minute. Sie gehen mit uns ins Bad, machen mit uns Frühstück, bringen uns zur Tür, wenn wir zur Arbeit müssen. Wenn wir nach Hause kommen, sind sie es, die uns als erstes in Empfang nehmen, noch bevor wir in die bequemere Jacke wechseln oder ein Glas Wasser trinken. Sie bleiben bei uns, bis sie alt und schäbig aussehen und selbst dann trennen wir uns nicht von ihnen. Erst wenn sich die Sohle vom Schuh trennt, wenn die Riemen reißen und wirklich nichts mehr zu retten ist – ja, dann bekommt sie immer noch der Hund zum Spielen.

Der Vater meiner indischen Gastfamilie trägt ein paar bestickte Kamellederpantoffel, die genau so aussehen wie geliebte Hausschuhe aussehen müssen: bequem, abgetragen und treu seit vielen Jahren.

Die Sohle besteht aus zwei dünnen Lagen Kamelleder, die mit einem Lederband mit Sichtnaht vernäht sind. Die Schuhoberseite ist aus besticktem Kamelleder, farbenfroh in Rot und Blau, mit Gold- und Silberfäden. Der Abschluss zum Mittelfuß verläuft bei seinem schönen Modell geschwungen und sieht von oben aus wie ein Vogel im Flug. Von der Spitze des Pantoffels führt ein Zierlederband nach oben gewölbt bis zum oberen Ende des Schuhs, wo es nochmals fixiert ist.

Als ich am Busbahnhof von Ajmer nach den Fahrzeiten der Überlandbusse frage, entdecke ich einen kleinen Stand, der diese rajasthanischen Kamellederpantoffel verkauft. Der Verkaufsstand ist in Wirklichkeit ein Holzkarren ohne Seitenwände mit scheibenförmigen Holzrädern und einer kurzen Deichsel. In der Mitte der Ladefläche sitzt der Händler im Schneidersitz umgeben von Holzgestellen, auf denen seine Schuhe platziert sind. Solange sich kein Kunde nähert, wirkt er wie erstarrt. In weißes Baumwolltuch gehüllt, in hunderten von kunstvollen Falten sieht er aus wie ein Gandhi-Modell. Nur sein dunkelroter Turban mit dem Batikmuster passt nicht zu Gandhi.

Er liest Zeitung, als ich nähertrete. „Good shoes. Camelshoes", begrüßt er mich. Vermutlich kommen um diese Jahreszeit nicht viele Touristen nach Ajmer. Der bekannte Kamelmarkt im Nachbarort findet erst im Spätherbst statt. Eine ernstzunehmende Kundin bin ich nicht und so ist der Händler zwar freundlich, aber er glaubt noch nicht an ein gutes Geschäft.

Ich blicke mich um. Ein Paar sticht mir ins Auge. Eher schlicht mit rot-weißer Stickerei, ohne Gold- und Silberfäden. Auch die Größe könnte passen. Entsprechend orientalischer Verkaufsstrategie darf ich sie jetzt noch nicht anschauen oder angreifen. Interesse zeigen würde den Preis für dieses spezielle Paar sofort verdoppeln. Ich befühle das

Nachbarpaar. Die sind natürlich viel zu groß. Ich frage nach dem Preis. 120 Rupien. „Und die ohne Silber?" Die würden nur 100 Rupien kosten, sind aber auch aus echtem Kamelleder. Ich soll sie ruhig anlangen.

Und die in Blau? 110 Rupien. „Aber die gibt es nicht in meiner Größe, oder?" Mit Blau und meiner Größe möchte ich ihn ins Hintertreffen bringen, denn in Blau sehe ich nur dieses eine Paar in XXL. „Ich kann sie besorgen." Ich wiegle ab, so wichtig ist das auch nicht. Ich brauche ja eigentlich keine Schuhe. Und ich fahre morgen ja auch weiter nach Jodhpur. Da gibt es sicher auch nochmals ein gutes Angebot. Ist ja immer noch Rajasthan.

„Nein. Nein. Jodhpur, nein, die haben nicht mehr so gute Schuster." Ob ich nicht vom Kamelmarkt gehört hätte? Pushkar und Ajmer, das sind die Kamelstädte in Indien. Und da werden auch die guten Schuhe produziert.

Das rot-weiße Paar, das hätte meine Größe und die würden auch nur 80 Rupien kosten. Wie viel? Achtzig. Es nimmt meine Hausschuhe vom Ständer. „Schauen Sie nur. So biegsam. Und riechen Sie mal! Das ist das gute Leder." Ja, aber 80. Nein. Und die sind nicht in Blau.

„Weil es schon so spät am Tag ist: 70." Nein, also, mehr als 30 würde ich nicht zahlen wollen. Wie viel? Dreißig. Ich wiederhole nochmal auf Englisch und auf Hindi: „Thirty. Tees. Tees."

Nein, nein, da kostet ja schon der Faden mehr. Eine Viertelstunde später haben wir uns auf 55 zu 40 angenähert. Die fünfzehn Rupien-Diskrepanz entsprechen damals etwa 90 Cent.

An dieser Stelle stockt unser Verkaufsgespräch allerdings. Wir kommen nicht mehr weiter. Immerhin verbleiben wir so weit, dass er mir anbietet, die Schuhe bis morgen für mich zurückzulegen, was keine große Sache ist, da die Händler an den Nachbarständen bereits zusammengepackt haben und auch er sicher bald Feierabend macht. Ich lobe wiederum die feine Qualität seiner Ware. Könnte ich mir so teure Schuhe leisten, würde ich sie bei ihm kaufen. Wir verabschieden uns wie alte Freunde.

Am nächsten Tag sitze ich am Nachmittag am Busbahnhof. Wir haben noch Zeit bis zur Abfahrt und so bitte ich meine Freundin, die Stellung zu halten. Ich müsste noch zum Einkaufen.

55 zu 40 ist unser Einstandspreis. Die magische Grenze von 50 zu 45 haben wir im Lauf der ersten Runde durchbrochen. Aber dann wird es ernst. Wir kämpfen jetzt wie die Tiger. Qualität des Leders, Biegsamkeit der Sohlen, Strapazierfähigkeit der Fäden, Fehlerlosigkeit der Verarbeitung, Magie der Verzierungsmuster spielen auf der einen Seite eine Rolle. Ein paar Millimeter Fersenüberstand, die Länge der noch bevorstehenden Reise und die finanziellen Unabwägbarkeiten in fernen Ländern sind wichtige Argumente auf der anderen Seite. Zwischenzeitlich verfolgen Passanten unsere Verhandlungen, als wäre es ein Kampf der Giganten

und würde nicht um ein paar Hausschuhe gehen. Wir spielen beide Theater, gestenreich, mit viel Mimik, in blumiger Sprache, so weit sie uns eben zur Verfügung steht. Zwei Schauspieler auf der großen Bühne des Lebens. Aber keiner der Zuschauer hat die Ausdauer zu bleiben, bis wir auf 48 zu 47 sind.

„Wie soll ich meiner Familie erklären, dass ich so schöne, wertvolle Kamellederschuhe verschenke und nicht verkaufe?" Und so spielen wir beide weiter. Äußerlich ernst und dabei doch augenzwinkernd feilschen wir um eine Rupie.

„In zehn Minuten geht mein Bus. Wenn wir uns nicht einigen können, muss ich die Schuhe hier lassen und künftig barfuß gehen. Dann werde ich krank. Vielleicht sterbe ich ... Aber für 47 Rupien und 50 Paise würde ich sie kaufen." Dass eine Rupie in hundert Paise geteilt wird, weiß ich. Aber ich weiß auch, dass das reine Theorie ist. Niemand zahlt mit Paise. Mit einem Seufzer, der den ganzen Stand zum Wackeln bringt, willigt der Händler ein.

Er streicht nochmals über die Verzierungen, verabschiedet sich fast zärtlich von seinem Qualitätsprodukt, steckt die Pantoffel in einander, wickelt sie in eine alte Zeitung ein, verschnürt das Paket mit Bindfaden und überreicht sie mir. Ich streiche einen 50-Rupien-Schein glatt – den neuesten, den ich habe.

„Da muss ich wechseln gehen", bedauert der Händler. Dass es ihm gelingen würde, den Schein so klein zu machen, dass er mir 50 Paise als Wechselgeld geben kann, bezweifle ich. In all den Wochen in

Indien habe ich nur einmal überhaupt Paise-Münzen gesehen. Sie sind so wertlos, dass sich die bettelnden Kinder kaum nach ihnen bücken. Ich winke ab. Nein, kein Wechselgeld. Er soll die 2,50 Rupien behalten, schließlich habe ich schöne Kamellederschuhe bekommen. „Ja, wirklich", bestätigt er.

Ich werde sie auf meiner restlichen Indienreise tragen und in weiteren zwanzig Jahren werden sie meine Hausschuhe sein. Hausschuhe, wie sie sein müssen: bequem, zunehmend abgetragen und treu.

Transitbereich

Nach den Sicherheitskontrollen und den Personenschleusen kommt der lange Flügel des neuen Osloer Flughafens, von dem die Inlandsflüge starten. Draußen hängen die Wolken tief, es schneit in dicken Flocken, Gepäckwagen und Servicefahrzeuge bewegen sich scheinbar lautlos durch den Schneematsch. Drinnen herrscht das betont geschäftige Treiben eines jeden großen Flughafens. Aus den Bars und Cafes zu beiden Seiten dringt gedämpftes Stimmengewirr. In der Mitte transportiert eine Rolltreppe die Reisenden zu den Schaltern und Sitzgruppen ihrer Abfluggates. Viele haben ihre Antennen für alles, was außerhalb ihres direkten Umkreises liegt, ausgeschaltet. Man sitzt und arbeitet am Laptop, man hört mit leerem Blick Musik, man telefoniert, man zieht seinen Koffer oder gleitet mit der Rolltreppe durch den Raum.

Aus dem Strom derer, die sich zu den Gates bewegen, löst sich ein Jugendlicher heraus. Ein junger Mann fast, groß, schlank, unauffällig. Er trägt eine jener engen, schwarzen Röhrenjeans, die ihrem Träger einen linkischen Gang verleihen. Ein weißes T-shirt und eine schwarze Kapuzenjacke. Blonde Haar mit modisch-coolem Schnitt. Langsam geht er auf das Klavier zu, das gegenüber von Gate A12 am Rande einer Sitzgruppe steht, frei zugänglich, wie ein Deko-Gegenstand und doch zur Benutzung gedacht.

Dann betritt er den mit dunklem Lila gefärbten Kreis am Boden, in dem das Instrument steht. Er setzt sich ans Klavier, aufrecht, aber ohne die übertriebene Körperspannung von Künstlern, die schon allein über die Haltung ihre Bedeutung ausdrücken wollen. Durchaus lässig sitzt er da für einen kurzen Moment. Ob ihn gerade von irgendwo ein Mädchen beobachtet und stolz denkt: „Mein Freund! Künstler und so cool!"

So lässig seine Haltung, so entspannt auch der Beginn seines Stücks. Leise, fast zaghaft erklingt der erste Ton. Es ist ein Kennenlernen zwischen Klavierspieler und Instrument. Die nächsten Töne kommen schon energischer, weniger zaghaft. Bald setzt er auch das Fußpedal ein. Sollte es die Freundin jemals gegeben haben, nach den ersten Momenten ist sie vergessen. Der junge Mann ist in die Melodie eingetaucht. Man spürt, dass er nicht sein Standardstück spielt, das tausendfach eingeübte, bei dem nichts schief gehen kann. Nein, er spielt. Er spielt auf dem Klavier und er spielt mit der Musik. Fehlerlos und doch auf die letzte Perfektion verzichtend.

Ein ruhiges, klassisches Stück, das ich noch nie gehört habe, füllt den offenen Raum zwischen den Sitzreihen des Wartebereichs. Auf den großflächigen Werbebildschirmen flimmern derweil lautlos Spots für Outdoor-Bekleidung und Geländefahrzeuge.

Anfangs schenkt niemand dem jungen Mann Beachtung: Am Fenster sitzt ein Paar am Tablet, ihr Kopfhörer ist so laut gestellt, dass man das metallische Klimpern hört. Gegenüber schirmt ein junger Mann im Anzug die Außenwelt mit großen Kopfhörern ab. Vor dem Klavier zieht ein Menschenstrom dahin, unbeeindruckt, auf dem Weg von der Sicherheitskontrolle zum Abfluggate, vom Wartebereich zur Bar.

Zwei vorübergehende Männer blicken auf den Klavierspieler, sie verlangsamen den Schritt. Eine Frau mit ihrer Tochter gleitet auf der Rolltreppe vorbei, sie beginnt zu lächeln, als sie bemerkt, dass die Musik nicht aus der Lautsprecherbox kommt. Immer wieder registriert einer der Reisenden, dass er soeben Konzertbesucher ist.

Das Stück ist inzwischen etwas schneller geworden, die Töne haben mehr Volumen. Nochmals ein Rhythmuswechsel, ein letzter disharmonischer Ton. Und Stille. Endet das Stück hier oder hat der junge Mann einfach aufgehört?

Aus der Sitzgruppe neben dem Klavier applaudiert ein Reisender, ein zweiter und dritter folgen nach. Sie sind mit ihrem Beifall genauso zaghaft wie der Beginn des Stücks. Überrascht schaut der Junge von der Klaviatur auf. Als wäre er gerade aufgewacht, blickt er sich um, versucht sich zu orientieren. Schüchtern nickt er den Applaudierenden zu. Als das Klatschen verstummt, wendet sich sein Blick wieder den Tasten zu. Er versinkt in einem zweiten Stück und macht den Transitbereich erneut zum Lebensraum.

Nach dem letzten Takt

Die Nerven verliert Andi erst ganz zum Schluss, als schon alles vorbei ist. Nach dem letzten Takt sozusagen, als ich ihn vom Krankenhaus Berchtesgaden nach Hause fahre.

Zwei Tage vorher waren wir mittags nach Berchtesgaden gefahren, hatten die Rucksäcke mit Kletterausrüstung, Steigeisen, Schlafsack und Essen geschultert und waren am Königssee ins Schiff nach Bartholomä gestiegen. Ungeduldig hatten wir dem Spiel des Trompeters an der Echowand zugehört und noch ungeduldiger seinem Unterhaltungsprogramm zu den Besonderheiten des Königssees und zum Schicksalsberg Watzmann. Wir hatten uns in Bartholomä in dem im kühlen Hausgang des Gasthauses ausliegenden Wandbuch für die Watzmann-Ostwand eingetragen und waren ohne Pause Richtung Wandfuß weitergestiefelt. Augustschwül war die Luft gewesen. Der ewige Strom der Ausflügler war rasch ausgedünnt: Um diese Zeit sitzt man beim Bier unter den Kastanienbäumen und ist nicht mehr auf den Wanderungen rund um den Königssee unterwegs.

Hinter zur Eiskapelle, wo sich der Lawinenschnee der riesigen Wand sammelt und über die Jahre hinweg zum meterdicken Eis wird, gab es noch einen Wanderweg, nach der Querung des Eises war nur noch ein Steig zu finden, der Steig war immer dünner und unscheinbarer geworden und das Gelände zunehmend steiler. Schließlich war es ein bedachtes Kraxeln durch die steilen Schrofen gewesen, bis wir endlich am frühen Abend das Tagesziel erreicht hatten, den Wiesenfleck im Schöllhornkar inmitten der Watzmann-Ostwand. 900 Höhenmeter unter uns lag der Seespiegel, lag das Gasthaus Bartholomä schon im Schatten, 1200 Höhenmeter über uns stand das Gipfelkreuz der Watzmann-Südspitze. Ein großer Felssturzblock auf dem geneigten Wiesengelände wird als Biwakplatz ausreichend für sechs Personen angepriesen. Doch der ersten Blick auf die gerade einmal körperhohe Spalte zwischen dem Felsblock und dem Erdboden lässt an eine Gruft denken und erscheint uns wenig attraktiv. Das ändert sich erst, als wir nach einem Bad im Bach, der das Schöllhorneis entwässert, einem Stück Brot und einer ersten Nachthälfte im Freien für die zweite Hälfte der Nacht den wolkenbruchartigen Regenfällen fliehen. Der modrigfeuchte Spalt unter dem Felsblock bleibt einigermaßen trocken. So überstehen wir die Stunden, bis morgens um vier Uhr der Wecker klingelt. Aufzustehen macht keinen Sinn. Es regnet noch immer, so viel ist sogar im Schein der Stirnlampe zu erkennen. In regelmäßigen Abständen platschen die Regentropfen von den Felsnasen über unseren Köpfen auf den Boden. Im Halbschlaf dösen wir weiter. Steine und Seilschlingen drücken in die Oberschenkel und in den Rücken: Der eine Schlafsack, den wir uns teilen, ist klamm. Erholsam ist die Nacht wirklich nicht. Aber Aufstehen und hinaus in die Dämmerung, in den Regen, ins kalte, nasse

Schrofengelände – das wäre das noch viel größere Übel.

Erst am Vormittag hört der Regen auf. Bevor Fels und Gras aber nicht notdürftig abgetrocknet sind, macht es keinen Sinn zu starten. Egal, ob hinab ins Tal oder hinauf in die Wand. Wir essen etwas, packen die Rucksäcke, schieben die Entscheidung auf. Nur soviel ist klar, dass wir eine einfachere Route gehen, falls wir nicht abbrechen. Statt der noch immer nassen Felsen am Salzburger Pfeiler würden wir über das Schöllhorneis aufsteigen und von hier über das markante erste Band ansteigen, denn auf dem Eis ist es unerheblich, ob es geregnet hat und wir lassen dem Felsteil dann nochmals eine Stunde Zeit zum Trocknen.

Freilich könnten wir absteigen. Über die nassen Schrofen zurück nach Bartholomä. Aber für den Rest des Tages und für morgen hatte der Wetterbericht von trockenen Verhältnissen gesprochen und selbst wenn wir heute wegen des späten Starts nicht mehr bis zum Watzmannhaus kommen, so doch auf jeden Fall bis zur Biwakschachtel der Ostwand unter der Gipfelschlucht. Essen haben wir ausreichend dabei und morgen könnten wir über den Gipfel und das Watzmannhaus absteigen und alles wäre gut.

Um zehn Uhr gehen wir los. Hinauf. Anfangs ist das Schöllhorneis flach, dann legen wir die Steigeisen an und holen auch das Seil aus dem Rucksack, denn am oberen Rand des Eisfeldes dünnt das Eis normalerweise aus und ist am Rand zur Felswand oft nur noch hauchdünn. Tritt man dort auf die falsche

Stelle, dann bricht die Eislamelle, man verliert den Halt und stürzt im schlimmsten Fall über das Eisfeld ab. Kommt es noch schlimmer, dann fällt man bergseitig in den engen Spalt zwischen Eis und Felswand und bringt den Totengräber noch um seinen Job.

Mit mir als Gegengewicht auf der anderen Seite des Seils wagt Andi sich vorsichtig an den oberen Rand des Eises. Er schimpft und jammert. Er schimpft und sucht rechts und links nach einer Möglichkeit vom Eis an den Fels zu kommen. Doch der Spalt klafft zu weit, das Eis ist zu dünn, der jenseitige Fels zu steil und zu abdrängend. Ich spreize mich ein und warte. Friere. Versuche mich mit dem Gedanken an einen Abbruch der Tour anzufreunden. Andi ist in der Kluft zwischen Eis und Fels verschwunden, er hängt mit seinem Körpergewicht an mir. Dann wieder gibt das Seil ein wenig nach und ich stolpere einen Schritt oder zwei rückwärts hinab. Später kommt wieder Seilzug und ich werde bergwärts gehievt. Was passiert da? Klettert er gezielt ab oder fällt er langsam? Rufkontakt haben wir keinen mehr, 50 Meter und dickes Eis trennen uns.

Dann ruckle ich Schritt für Schritt das Eisfeld hinab, bis ich Andis Kopf oben wieder sehe. Im gleichen Maß wie er über die Eislamelle zurück in die Welt klettert, muss ich das Seil entlasten. Es gelingt und ein paar Minuten später stehen wir beide oben am höchsten Punkt des Schöllhorneises auf einem ausreichend dicken Eisrand. Hinter uns geht es das Eisfeld steil hinab und vor uns blicke auch ich jetzt endlich auf den Weiterweg. Der Fels ist zwischen zwei und zehn Meter vom Ende des Eises entfernt und der Schlund, den Andi mit mir als Gegengewicht hinabgestiegen ist, endet nach zwei Stockwerken auf einer Eisbrücke, über die man an den Fels kommt. Rechts und links aber: nur Dunkelheit. Wie weit sich der Spalt zwischen Fels und Eis hinabzieht – sehen kann man es nicht. Links von unserer Eisbrücke brodelt ein Bach in die Dunkelheit hinab, als würde er gleich ohne Halt bis in die Hölle rauschen. Einen noch gruseligeren Ort kann ich mir gar nicht vorstellen. Trotzdem pickelt Andi eine Eisnase aus, legt das Seil herum und lässt mich ab auf die Brücke. Dann kommt er nach und zieht das Seil ab.

Wie unser Leben weiter verläuft, wenn es uns nicht gelingt, über die glatten Felsen jenseits wieder ans Tageslicht zu klettern? Ich stelle die Frage nicht. Wir stehen beide auf der Eisbrücke. Sie hält uns aus. Schön!

Vorsichtig klettert Andi die glatten, sand- und schuttbedeckten Felsen hinauf. An Sichern ist nicht zu denken. Dreißig Meter über mir quert er nach links aus, verschwindet um eine Ecke und kurz bevor das Seilende zu mir wirklich straff wäre, gelingt es ihm offensichtlich eine Sicherung anzubringen. Er gibt das Kommando für mich, nachzukommen.

Gottseidank, endlich heraus aus diesem Grab. Heraus aus der Eiseskälte und weg vom Rauschen des Eisbachs, der neben mir im schwarzen Loch verschwindet. Auf Dauer ist das kein Wohlfühlort hier.

Mit den nassen Schuhsohlen ist das Klettern unangenehm. Die Felsen sind glatt geschliffen und mit feuchtem Gesteinsmehl und schmieriger Erde bedeckt. Immerhin wird es Schritt für Schritt trockener. Konzentriert belaste ich die Tritte. Es wird heller und wärmer.

Mein Weg zurück ins Leben wird unterbrochen durch einen lauten Knall. Über mir hat es eine Explosion gegeben. Ich schaue hinauf. Der Himmel ist – ohne dass ich das bemerkt hätte - fast blau geworden in der Zwischenzeit. Im Himmel hängen dunkelgraue, kühlschrankgroße Blöcke. Seltsam statisch. Felsen, die in der Luft schweben. Zehn Meter über mir. Doch Felsen können nicht schweben. Sie fallen. Ich weiß das. Da gibt es auch keine Ausnahmen.

Ich presse mich an die Wand, mache mich ganz schmal, wünsche mir, der Helm würde es mir erlauben, noch näher an den Fels zu kommen. Ich wundere mich, dass das Gestein so hell wirkte und wie lang es dauert, bis der erste Felsblock auf mich trifft. Irgendwann ist die Zeitlupe doch vorbei und der Film geht in normaler Geschwindigkeit weiter, oder?

So ist das auch. Mein Helm wird getroffen, meine Schultern. Einzelne Brocken fallen in den Spalt zwischen Helm und Rucksack, ziehen mich mit ihrem Gewicht hinab. Aber noch immer kann ich mich an der Wand halten. Kaum zu glauben, wie lange das funktioniert. Gemein fast, weil man plötzlich Hoffnung fasst und glaubt, man könnte überleben. Dabei ist das bei der Größe des Felssturzes völlig ausgeschlossen. Einer der nächsten Treffer wird mich aus der Wand reißen.

Aber die Treffer werden spärlicher. Dann ist Ruhe. Lebe ich immer noch? Was ist alles kaputt gegangen? Die hellgrauen Felsen müssen Teile des Eisbalkons gewesen sein. Eisbrocken und harter Augustfirn müssen mich getroffen haben. Auf den Ärmeln des Anoraks liegen Eisbrocken. Über meinen Rücken läuft das schmelzende Eiswasser hinab bis in die Unterwäsche. Auf dem Helm klebt ein Keil aus Eis und Schnee. Ich bin etwas benommen, bin mir noch nicht sicher, ob wirklich alles in Ordnung ist, aber ich lebe.

Andi brüllt über mir, ich versuche zu antworten. Bis ich laut genug bin, braucht es jedoch zwei Versuche. Ich schaue hinauf zum zweiten Teil des Eisbalkons, der über mir jetzt mit reinweißer Abbruchkante liegt und beginne vorsichtig zu klettern. Der Fels ist jetzt wieder nass. Aber das ist mein kleinstes Problem.

Brechen wir die Tour ab? Außer, dass ich eiswassernass bin und gerade fast gestorben wäre, fehlt mir nichts. Die Benommenheit ist schnell vorbei. Ich denke, dass ich weitergehen kann. Und das tun wir auch.

Wir gewinnen an Höhe. Vieles ist Gehgelände. Das ist erstaunlich. Wer die Wand von unten sieht oder von der Seite von einem der Nachbargipfel, kann kaum glauben, dass man sich in dem Steilgelände ohne Seil bewegen mag. Aber wenn man den

Gedanken beiseiteschieben kann, dass man viele hundert Meter Felsabsätze und Schrofen unter sich hat, ja, am Ende sogar fast 2000 Höhenmeter fallen könnte, dann gibt es erstaunlich viele Passagen, die man einfach so aufrecht oder mit einer Hand am Fels gehen kann.

Wo es ausgesetzter und schwieriger wird, sichert Andi. Aber nie bleiben wir länger als nötig am Seil, denn mehr als einen harmlosen Rutscher kann der Seilerste nicht halten. Überall dort, wo man keine Sicherungspunkte anbringen kann, geht man besser seilfrei und beschränkt die Gefahr des Absturzes auf eine Person.

Das riesige Bändersystem der Ostwand hat uns ohne weitere Zwischenfälle höher gebracht. Ab und an sind die Bänder aber unterbrochen und man muss über eine der Schichtstufen auf die nächste Etage steigen. Unsere Route hat uns auf dem ersten Band bis kurz vor die Gipfelschlucht geführt. Eine Unterbrechungsstelle noch, dann ist der Weg zur Biwakschachtel frei. Andi seilt an, am Fuß des Abbruchs gibt es einen Haken. Ich sichere ihn hinauf. Nach vier, fünf Metern stockt sein Kletterfluss. Er probiert, tritt an und rutscht ab. Kann sich halten, stabilisiert sich und verharrt. Versucht es nochmals, rutscht wieder ab. Zurück?

Was von unten so einfach aussieht, ist mit den Bergschuhen und einem nassen Tritt unmöglich. Von unten kann ich dem, was kommen wird, nur zusehen. Zusehen und hoffen, dass unser Standplatz hält und dass sich Andi beim Sturz nicht schwer verletzt. Dann geht alles schnell, seine Füße rutschen ab, er fällt an mir vorbei, über den Felsabsatz hinab, verhängt sich in einer schneegefüllten Verschneidung und bleibt mit dem Kopf nach unten eingeklemmt im Seil hängen.

Unser Standplatz hat gehalten und Andi stöhnt fünf Meter unter mir. Wer stöhnt, lebt. Ich nehme das Sicherungsseil auf Zug und steige daran zu ihm ab. Versuche zu helfen, ihn aus dem Spalt zu befreien und ihn wieder auf die Beine zu stellen. Viel kann ihm nicht passiert sein, denn noch unten im Verschneidungswinkel beginnt er zu schimpfen, weshalb ich ihn oben nicht per Schleifknoten gesichert habe und damit jetzt beide Hände frei hätte.

Ein paar Minuten später ist klar, dass kein Knochen gebrochen ist und vermutlich nichts gerissen, dass die Prellungen und der Schock des 10-Meter-Sturzes aber ein Weiterklettern nicht sinnvoll machen. Wir werden bleiben, wo wir sind. Einige Meter entfernt hat irgendjemand ein paar Steine zu einem provisorischen Biwakplatz aufgeschichtet und ein paar Minuten weiter tröpfelt Schmelzwasser vom Fels. Außerdem haben wir Blickkontakt hinab nach Bartholomä. Also: Notsignal geben, Biwaksack schwenken, schreien und warten, bis der Hubschrauber kommt.

Sechsmal pro Minute spannen wir den roten Biwaksack und schreien, dann eine Minute Pause. Bis wir heiser sind. Hunderte von Touristen kommen an dem inzwischen herrlichen Augusttag mit dem

Schiff in Bartholomä an, alle blicken sie auf die Wand. Watzmann Schicksalsberg. Ostwand. Berühmt. Berüchtigt. Höchste Wand der Ostalpen. Dramen. Tote jedes Jahr. Aber wo sind die Gaffer, wenn man sie braucht?

Andi beschreibt mir die Fahne unten am Steg in Bartholomä, mit seiner Brille sieht er etwas besser als ich. Er rechnet aus, wie groß unser roter Biwaksack im Vergleich ist. Keine Frage, wir müssen längst bemerkt worden sein. Wahrscheinlich muss der Hubschrauberpilot nur noch schnell tanken, dann fliegt er los.

Doch die weiße Fahne schwimmt bald draußen im Blau des Sees. Statt eines Quadratmeter großen Stücks Stoff handelt es sich um das weiße Top eines der Schiffe. Rund hundert Personen fassen sie.

Später bewegen sich auch die Fahnen nicht mehr über den See. Der Schiffsverkehr ruht, der letzte Gast ist zurück in seinem Hotel, beim Abendessen oder beim Grillen auf einer Party. Für uns ist es Zeit für die Nachtruhe. Ich hole Schmelzwasser, dann richten wir den Biwakplatz ein. Felsüberhang gibt es heute keinen. Aber den Biwaksack können wir so abspannen, dass wir mit dem Oberkörper trocken bleiben, falls es wieder regnet.

Morgen am Sonntag werden wir wieder Notsignal geben und ansonsten darauf hoffen, dass Andis Bruder seinen Anrufbeantworter abhört. Dort hatten wir vor der Abfahrt hinterlassen, wo wir sind und dass wir uns bis Sonntag zwei Uhr zurückmelden würden.

Die Nacht bleibt trocken, doch der Morgen beginnt wolkenverhangen. Kein Bartholomä, keine Schiffe, nur endloses Grau. Immerhin können wir uns das Notsignal sparen. Am Vormittag packen wir die Rucksäcke, denn falls wirklich ein Hubschrauber kommt, geht alles ganz schnell. Während ich versuche, aus dem Rinnsal am Felsüberhang etwas Trinkwasser aufzufangen, gelingt es Andi Rufkontakt mit einer Seilschaft weit drüben in der Wand aufzunehmen. „Ich bin mir sicher, dass sie kapiert haben, dass wir in Bergnot sind", sagt er mir hoffnungsvoll, als ich zurückkomme.

Drei Stunden noch, dann alarmiert auch Micha die Bergwacht. Falls er den Anrufbeantworter abhört. Wenn nicht, dann ist die andere Seilschaft unsere Rettung. Und wenn die abstürzen? Dann hört dafür Micha den Anrufbeantworter ab.

Dreiviertel zwei. Noch immer Nebel. Eine Viertelstunde noch, dann läuft die Rettungsmaschinerie an. Dann wird Micha zum Telefon greifen. Der Ärmste. Wahrscheinlich sitzt er auf glühenden Kohlen. Übt schon seinen Satz für die Rettungsleitstelle. Noch zehn Minuten. Noch fünf. Zwei Uhr: jetzt. Um halb drei ist's immer noch still um uns. Die brauchen aber lang. Drei Uhr. Wolken ziehen herum. Sie schlucken jedes Geräusch. Halb vier. Nichts.

„Ich hör was." Das könnte ein Rotor sein. Unter uns. Ja, ganz sicher, ein Hubschrauber. Aber der sucht uns ganz falsch. Viel zu weit unten. Flieg doch höher! Einmal sehen wir die Pilotenkapsel, dann ist er wieder im dichten Grau verschwunden. Und dreht ab. Wieder ist es still. Die können doch nicht schon aufgeben! Ein paar Minuten später hören wir wieder Knattern. Schnell kommt es näher, dann taucht der Hubschrauber direkt vor uns auf. Er setzt auf, zwei Bergwachtmänner springen heraus, der Hubschrauber dreht ab. „Was ist passiert? Sind Sie verletzt, können Sie gehen?" Ein größerer Hubschrauber ist angefordert. Ein paar Augenblicke später nutzt der Pilot aber ein Wolkenloch, setzt gekonnt eine Kufe auf unseren Sporn auf, die beiden Bergretter hieven Andi und mich durch die offene Luke und schon dreht der Pilot ab und wir sind in der Luft.

Drei Stunden später hole ich Andi am Krankenhaus ab. Viele Prellungen, aber er darf heim. Im Auto haben wir Wolfgang Ambros' Watzmann. Ich habe die Kassette an die richtige Stelle vorwärtsgespult. Ambros singt: „Mit voller Wucht haut's mein Buam in die Schlucht. Und man hört's, wie's weithin schallt. Aber mei Bua, der fallt, der fallt. Mit ganzer Gwalt haut's mein Buam in den Spalt. Übern Buckel rinnt's ma kalt, aber mei Bua, der fallt, der fallt."

Der Prophet im eigenen Haus

Bei der Rückreise von Indien nach Hause führt kein Weg an Delhi vorbei. Und in Delhi führt kein Weg am Elternhaus meiner Freundin Divya vorbei. Die letzten beiden Tage unserer Nordindienreise verbringen wir also im Haus ihrer Eltern, auch wenn sie selbst gar nicht im Land ist.

Die Aufnahme ist herzlich. Unser Status liegt irgendwo zwischen „entfernte Familie" und „Gast" - den Spagat, den Divyas Vater und Mutter an diesem Nachmittag und Abend vollbringen, ist interessant und vergnüglich anzusehen. Mal sitzen wir im repräsentativen Wohnzimmer, mal am gemütlichen Familien-Esstisch. Mal bekommen wir den Tee in den Gästetassen auf dem Tablett serviert, dann erinnert sich Frau Tomar wieder daran, dass ich mir einst das Wasser ja auch schon selbst aus dem Kühlschrank geholt hatte. Mal sind wir bei höflichen Fragen zu unseren letzten Wochen in Himachal Pradesh, mal bei Familieninterna.

Beim Abendessen aber kommt unser Status als Gäste voll zum Tragen. Frau Tomar tischt auf, was der Esstisch tragen kann: Butter Chicken und Okracurry, würzig angebratene Kartoffeln und Blumenkohlcurry, Linsen und Joghurt, scharfe Pickles und Gurke. Dazu Fladenbrot und Reis. Aus Erfahrung weiß ich, dass man am besten fährt, wenn man kleine Portionen nimmt und langsam isst. So kann man sich höflich nochmals zu einem Nachschlag überreden lassen. Mit Herrn Tomar habe ich da ein stillschweigendes Abkommen. Manchmal kann er ein Zucken in den Mundwinkeln nicht verbergen, das mir anzeigt, dass er meine Strategie immer schon durchschaut hat, ja, sie selbst ein Leben lang anwendet.

Es muss schon halb elf abends vorbei sein, als der Tisch abgeräumt wird. Dass wir zum Bersten satt sind und wirklich nichts mehr essen können, auch wenn die Curry noch so gut schmeckt, haben wir jetzt oft genug glaubhaft versichert.

Als der Tisch leer ist, bringt Frau Tomar die große Schüssel mit dem Nachtisch. Dass Mango für uns unwiderstehlich sind, weiß sie noch von meinem Aufenthalt in ihrem Haus. Dass auch Andi von diesem Geschmack schwärmt, muss sie sich von einem Gespräch gemerkt haben, als sie uns vor ein paar Jahren in Deutschland besucht hatte. In der riesigen Schüssel ist jedenfalls Mangopudding. Kräftig orangefarbener, auf der Zunge zergehender, selbst gemachter Mangopudding. Er schmeckt hervorragend. Nachdem jeder von uns eine große Schale gegessen hat, geht es an die zweite Runde. Andi lobt den Geschmack. Ja, gerne nimmt er nach. So guten Mangopudding hat er noch nie gegessen. Damit macht er natürlich alles richtig. Frau Tomar strahlt. Ich lasse mir einen kleinen Nachschlag geben. Ich bin wirklich satt, aber die Versuchung ist zu groß. Auch Divyas Bruder Savant nimmt einen kleinen Nachschlag. Doch Herr Tomar sieht seine Frau nur streng an: Nichts Süßes mehr für ihn!

Auch nach Runde zwei ist die Schüssel längst nicht leer. Andi isst seinen Nachschlag lustvoll auf, als hätte er keine zwei Teller Reis und Curry, Chapatti und Kartoffeln bekommen. Bevor Frau Tomar ihm eine dritte Portion anbieten kann, warne ich ihn auf Bayerisch vor – Tomars sprechen ein paar Worte Deutsch -: „Ois, aber iss net auf. Lass ja a Restl üba!"

Kaum hat Andi seine Schale leergekratzt, steht prompt Frau Tomar auf und nimmt den großen Servierlöffel aus dem Pudding. „Andi, nimm dir! Mangopudding bekommst du zuhause nicht. Wer weiß, wann es den wieder gibt."

Andi lehnt ab. Aber da ist er an die Falsche gekommen. Beim Mästen von Gästen ist der Europäer einer indischen Hausfrau um Klassen unterlegen. Diese Fähigkeit ist in Indien den Frauen schon angeboren. Später wird sie durch Lernen am Vorbild verstärkt, dann durch Training automatisiert und durch viele Kniffe verfeinert. Im Nu hat Andi seinen zweiten Nachschlag. Den isst er jetzt langsamer. Aber tapfer leert er auch diese Schale.

In der Taktik bestens geschult, lässt Frau Tomar ihm nun eine kleine Verschnaufpause. Dann kommt sie mit dem Argument: „Den kann ich nicht mehr aufheben. Komm, den musst du aufessen." Andi wehrt sich. Ich blicke ihn streng an, hoffe, dass er meine Warnung versteht: „Nicht aufessen!" Aber der Prophet im eigenen Haus wurde noch nie gehört.

„Sind nur noch zwei Löffelchen. Komm, Andi!" Frau Tomar zieht alle Register. Sie kleckst sich sogar selber noch eine teelöffelgroße Portion Pudding in die eigene Schale, um Kooperationsbereitschaft zu zeigen, zieht Andi sein Schüsselchen weg und stellt ihm die Monsterschüssel zum Ausleeren hin. Als braver Bub tut er, was von ihm verlangt wird: aufessen.

Mit den Pflichten der indischen Gastgeberin nicht so vertraut, lehnt Andi sich nach dem letzten Löffel glücklich, aber erschöpft zurück, lobt noch einmal den Nachtisch und fällt dann auf Herrn Tomars Ablenkungsmanöver herein, der ihn mit einer Frage zum Erzählen bringt, während Frau Tomar abserviert und für längere Zeit verschwindet. Ich höre Geräusche in der Küche, höre die Kühlschranktüre, höre ein Gespräch mit dem Küchenjungen, höre die Haustür knarzen.

Frau Tomar kommt irgendwann zurück, setzt sich zu uns. Wir erzählen von unserer Reise, das Gespräch geht in diese und jene Richtung. Längst muss Mitternacht vorüber sein. Unbemerkt hat Frau Tomar das Wohnzimmer nochmals verlassen. Jetzt kommt sie zurück. In den Händen trägt sie die große Puddingschüssel. Sie ist voll mit frischem Mangopudding, nach dem Kochen schnellstens im Kühlschrank heruntergekühlt. „Tut mir leid, die Milch mussten wir frisch holen. Andi, einen Nachschlag?"

IQ-Wunder

Wieder zuhause werden wir uns den National Geographic-Film mehrmals ansehen, in dem dokumentiert wird, wie ein Kea, ein neuseeländischer Bergpapagei, sich sein Lieblingsfutter aus einer großen durchsichtigen Box holt. Mal zieht er an einer Schnur, um an die Erdnuss zu kommen, mal macht er ein Türchen auf und steckt den Kopf durch die Öffnung, dann verzichtet er auf eine Weintraube und schubst sie durch eine Röhre, um mit ihr die Erdnuss von einem Podest zu stoßen und so Weintraube und Erdnuss zu angeln. Schließlich verwendet er ein Stöckchen, um mit dessen Hilfe erfolgreich zu sein. Ob wir selbst auf alle diese Möglichkeiten kämen, wenn es ums „Lieblingsfutter" geht? Oder wäre in unserem Fall das Tiramisueis längst geschmolzen?

In den neuseeländischen Südalpen sind wir anfangs bereits erstaunt, dass der erste Kea, den wir an einem Parkplatz sehen, nicht etwa wegfliegt, sondern neugierig vor uns auf der Steinbrüstung auf- und abwandert und in den wenigen Momenten, in denen wir unser Auto unbeaufsichtigt lassen, um ein tschechisches Pärchen auf den zutraulichen Papagei hinzuweisen, zur offenen Schiebetür hüpft und ins Fahrzeuginnere schaut auf der Suche nach Futter.

Ein paar Tage später machen sich gleich zwei Keas über Andis Wanderstockschlaufen her. Sie haben den Augenblick abgepasst, in dem Andis Aufmerksamkeit zu 110 % woanders ist: rot glühender Sonnenaufgang an den Gletscherbergen nahe des Mount Cook. Dazu muss man schon viel Menschenkenntnis haben, um zu wissen, dass sich ein Fotograf mit Stativ bei bewölktem Himmel oder bei mäßiger Bergkulisse wohl eher um die Unversehrtheit seiner Stöcke sorgen würde, bei Alpenglühen und spektakulären Gipfeln aber erst seine Bilder in den Kasten bringen will und die Stockschlaufen Priorität 2 sind.

Wieder ein paar Tage später übernachten wir in unserem Camper verbotenerweise auf einem großen Wanderparkplatz im Nationalpark Fiordland. Wir wollen zum Sonnenaufgang an einem Aussichtspunkt auf die Darren Mountains sein. Noch während wir den letzten Schluck Kaffee trinken, trapst auf unserem Autodach etwas herum. Ein Marder? Wir schauen nach. Im Schein der Stirnlampe blicken wir einen der Bergpapageien an, der unser Autodach als Catwalk missbraucht. Solange er nicht den Gummi von den Scheibenwischern rupft, ist alles gut. Wir machen uns abmarschbereit, ziehen die Schuhe an, holen die Stöcke und das Stativ aus dem Auto.

Kea 1 hat inzwischen Verstärkung bekommen: Kea 2 und Kea 3. Die beiden spielen uns ein kleines Beziehungsdrama vor mit Schnabelhacken, Flügelflattern, Angriff und Flucht, lautem Rufen – kurz: Kea 2 macht Kea 3 eine richtige Szene. Wäre es nicht noch viel zu dunkel, dann würde jeder normale Tourist – und auch wir selber – jetzt Smartphone oder Foto zücken und die beiden Streitenden fotografieren. Wir würden ihnen garantiert bei ihrem turbulenten Streit über den Parkplatz folgen.

Kea 1 sitzt in der Zwischenzeit immer noch auf unserem Autodach und verhält sich still. Er wartet auf den Moment, wenn wir endlich auf den Taschenspielertrick hereinfallen, alle Aufmerksamkeit dem keifenden Pärchen zuwenden und er als lachender Dritter unser Auto ausräumen kann. Erdnüsse, Obst, Brot ... was gibt es nicht alles zu holen in den Campern!

Ein paar Tage später sind wir auf einem der Great Walks unterwegs. Der Kepler Track umrundet in vier Tagen die Bergkette zwischen dem Te Anau-See und dem Manapouri-See. Mit einem langen Anstieg von der Iris Burn-Hütte kommt man am dritten Tag über die Waldgrenze und wandert dann lange über einen Höhenkamm. Bei guter Sicht kann man bis zu den Schneebergen nahe des Milford Sounds sehen, und natürlich auch auf die weiten Arme des Te Anau-Sees, der wie eine Krake ins Gebirge hineingreift. Die anfallenden Höhenmeter haben wir geschafft, den Sandfliegen-Horror entlang des Flusses hinter uns gelassen und der Himmel ist blau mit ein paar Schäfchenwolken. Wir haben also alle Zeit der Welt und können die von gelben und weißen Moosen bewachsenen Felsen fotografieren, die den Höhenweg säumen und uns endlich auch mit den letzten beiden Müsliriegeln für den bisherigen Weg belohnen. Andi ist mit Kamera und Stativ einige

Meter oberhalb des Wegs im Blockfeld auf der Suche nach den schönsten Moosen, ich erkunde den Weiterweg nach perfekten Rosetten der hier wachsenden Bodendecker. Die beiden Rucksäcke haben wir am Weg liegen, auf meinem liegt Andis Hälfte des Cashew-Joghurt-Riegels und der verpackte Mandel-Honig-Riegel, den wir uns noch aufgehoben haben – das Beste kommt zum Schluss! Und die Honig-Riegel schmecken wirklich gut.

Kündigen sich die Keas sonst mit lautem, miauendem Schreien an, so ist der Kepler-Kea ein besonders schlauer Kerl. Lautlos segelt er heran, nur im Augenwinkel sehe ich ihn als grün-roten Pfeil auf die Rucksäcke zufliegen. „Andi, einer deiner Freunde!", versuche ich zu warnen.

Doch ich bin schon zu weit weg, um die Riegel zu verteidigen und Andi mitten im Blockfeld in unwegsamem Gelände. Der Kea landet auf einem Felsen nahe der Rucksäcke. Wie ein Unschuldslamm sitzt er da für einen Moment. Mit drei schnellen Hüpfern ist er auf meinem Rucksack. Andi wird später erzählen, dass er dem Kea zusieht, wie der die Verpackung der beiden Riegel liest und sich anhand der Zutatenliste für Mandel-Honig entscheidet. Ich bin mir dagegen sicher, dass er verstanden hat, dass ein ausgepackter, aber angebissener Müsliriegel weniger wert ist als ein noch verschlossener ganzer und deshalb Mandel-Honig in den Schnabel nimmt. Eilig hat er es nicht. Er breitet eher gemächlich die Flügel aus, macht sich auch nicht die Mühe weit zu fliegen, sondern nur bis zu einem Felsvorsprung, der für uns unerreichbar ist.

Dort schlitzt er die Verpackung mit dem Schnabel auf und frühstückt vor unseren Augen in aller Seelenruhe. Mandel-Honig.

IQ-Wunder II

Die meisten der 627.757 Besucher für das Jahr 2017 sind bereits da gewesen. Es ist Mitte Dezember und in den amerikanischen Nationalparks ist Nebensaison. Im Petrified Forest ist es besonders ruhig, denn er liegt etwas abseits der beliebten Routen für Nationalpark-Gäste. Die beiden Raben am Pintado Point-Parkplatz hoffen trotzdem auf die tägliche Lieferung von Essen auf Rädern. Ausnahmslos alle Besucher fahren auf der Parkstraße hier vorbei und ein beachtlicher Teil nimmt die kleine Schlaufe über den Parkplatz, steigt kurz aus, blickt auf die farbenfrohe Wüstenlandschaft, die für den Park ähnlich charakteristisch ist wie die versteinerten Baumstücke, und fährt dann erst weiter zu den Höhepunkten des Parks, Jasper Forest und Crystal Forest. Und weil das lange Sitzen und Autofahren die Touristen hungrig und durstig macht, fällt für die Raben ab und zu etwas ab.

Natürlich steht da das Hinweisschild, man möge die Tiere nicht füttern. Aber mancher Keksbrösel und die eine oder andere Erdnuss fällt ja unbeabsichtigt zu Boden ...

Am Abend zuvor waren wir kurz vor dem Schließen des Parks am Visitor Center angekommen. Wirklich am Weg war der Nationalpark Petrified Forest auch für uns nicht gelegen, aber wir hatten am Tag zuvor im De Na Zin-Wilderness-Gebiet inmitten bizarren Hoodoos und Schluchten einen versteinerten Baum entdeckt. Ins Museum hätte es unser Exemplar nicht geschafft, aber ein selbst gefundener, 200 Millionen Jahre alter Baum übt trotzdem eine große Faszination aus. Auf der Weiterfahrt hatten wir die besonderen Momente in De Na Zin Revue passieren lassen und unser versteinerter Baum war auf einen guten Platz gekommen. Bis zur Idee, den Petrified Forest Nationalpark zu besuchen, war es da nicht mehr weit.

Vielleicht das schönste, zumindest aber das fotogenste Einzelobjekt ist die Onyx Bridge, ein dunkelbrauner Baumstamm von rund zehn Metern Länge, der „in situ" liegt, also dort, wo die Natur ihn zum Liegen gebracht hat.

Die Onyx Bridge bei Sonnenaufgang erleben, das wäre schön gewesen. Doch leider würde sich das nicht verwirklichen lassen, da der Park morgens erst um 8 Uhr öffnet und man eine Stunde wandert bis zur Onyx Bridge - selbst wenn man die Sehenswürdigkeit schnell im weitläufigen Gelände findet. Am Visitor Center fragen wir nach, wie wir den Baum finden. Nachdem sich das Gespräch interessant entwickelt, rücken wir schließlich damit heraus, wie schade es ist, dass man den Sonnenaufgang nicht an der Onyx Bridge erleben kann. „Oh, yes, you can." Mit einem Permit für eine Übernachtung in der Wildnis wäre das theoretisch möglich. Hätte man ein Zelt dabei. Und hätte man eine warme Nacht.

Ein paar Minuten später haben wir das Permit in der Hand, fahren zum Ausgangspunkt der Wanderung zur Onyx Bridge und werden dort schon vom Ranger erwartet, der von seinen Kollegen weiß, dass gleich zwei späte Übernachtungswillige auftauchen.

Nach unserer Zeltnacht in der Painted Desert, dem Sonnenaufgang bei der Onyx Bridge und der Wanderung zurück zum Auto fahren wir an diesem Vormittag nur einen Aussichtspunkt weiter bis zum Pintado-Parkplatz, um endlich zu frühstücken und uns aufzuwärmen. Kaffee, Milch, Semmeln, Marmelade, Erdnussbutter - ich tische auf der Steinbrüstung, die den Parkplatz vom freien Gelände trennt, unser Frühstücksbüffet auf. Wir sind das einzige Auto hier. Kein Wunder, Mitte Dezember, am frühen Vormittag.

Aus dem Augenwinkel sehe ich einen Raben. Er hüpft über den Parkplatz und auf die Brüstung. Dort hat er den besseren Überblick. Füttern will ich ihn nicht. Außerdem weist ein Schild darauf hin, dass Tiere füttern verboten ist. Die Semmel ganz unten in der Tüte, die werden wir aber nicht mehr essen. Sie ist steinhart, seit dem ersten Einkauf in L.A. fahren wir sie spazieren. Ich breche ein Stück ab und lege es in Armweite auf die Brüstung. Der Rabe hüpft interessiert näher. Noch näher. Näher.

Ich sage ihm, dass die mutigen Raben belohnt werden. Schließlich beugt er sich vor, nimmt das Stück in den Schnabel und reißt sich ein wenig entfernt schnabelgerechte Stücke heraus. Dazu muss er schuften wie ein Bergwerkarbeiter. Als er mit dem Semmelstück fertig ist, lege ich ihm ein zweites Frühstück hin. Noch ehe er auch das gefressen hat, kommt ein weiterer Rabe, der ähnlich vorsichtig das Büffet erkundet.

Ein Motorengeräusch kündigt ein zweites Auto an. Es parkt etliche Meter abseits, zwei Touristen steigen aus. Für die Raben herrscht keinerlei Gefahr. Trotzdem sind die beiden von der Brüstung auf den Asphalt gehüpft und suchen jetzt den Parkplatz ab - scheinbar desinteressiert an den Neuankömmlingen und vor allem auch an mir. Hier und da picken sie am Boden herum, als würden sie den einfältigen Raben spielen. „Wir? Nach Futter betteln? Niiie."

Obwohl es für sie keinen Grund gibt, das Frühstück zu unterbrechen, halten die beiden Abstand zu mir und zum Rest der Semmel. Was geht da im Rabengehirn vor? Gibt es eine Statistik, dass die Chance auf Essen auf Rädern signifikant steigt, wenn nur ein Auto am Parkplatz steht, während die Autoanzahl von ≥2 genauso schlechte Futterchancen bietet wie überhaupt kein Auto? Werden sie wirklich nur von Touristen gefüttert, die sich unbeobachtet fühlen?

Nach ein paar Minuten sind die menschlichen Störenfriede weg und die beiden Raben hüpfen zielstrebig wieder in meine Richtung. Ein Rest Semmel wartet noch.

Sie fressen und fressen. Wenn man denkt, wie klein die Vögel sind und dann noch die Federn abzieht, ist es unglaublich, wieviel Semmel in so einen Rabenmagen passt. Der etwas Frechere der beiden hat ein besonders großes Stück verschlungen. Die Umrisse der harten Semmel zeichnen sich in seinem Hals ab. Hoffentlich können Raben nicht an Semmeln ersticken!

Er würgt, legt den Kopf schief und fliegt mit einiger Mühe weg. „Jetzt ist er satt!", denke ich. Doch er fliegt keine zwanzig Meter zu einem Hügel. Dort gräbt er mit dem Schnabel ein Loch, würgt die Semmel hoch, lässt sie in das Loch fallen und versteckt sie unter Erde und Steinchen. Dann kommt er zurück. Erst als die Semmel zu Ende ist und ich den beiden meine leeren Hände und die leere Tüte zeige, hüpfen sie zum anderen Ende der Brüstung und segeln über das anschließende Tälchen davon. Essen auf Rädern bekommt heute sicher eine gute Bewertung von den beiden.

Adelstitel

Hätte ich eine Lebenserwartung von mehreren hundert Jahren, dann würde ich ein paar Jahre für den Hafen in Olbia reservieren oder irgendeinen anderen großen Hafen auf dieser Welt. Ich würde mir einen Aussichtsbalkon wünschen, der die Anleger überblickt und die riesigen Areale, auf denen die Pkws und LKWs sich aufreihen, um im Bauch der Fähren zu verschwinden. Stunde um Stunde, Tag für Tag und Jahr um Jahr würde ich den gesamten Hafen beobachten. Warum legen die Schiffe am einen Steg an, aber kaum eines am anderen? Welchen Sinn haben die Absperrungen auf Zweidrittel des Parkplatzes? Wer hat den Container mitten auf die Zufahrt gestellt? Wie lange wird er da stehen? Wer holt ihn ab? Benutzt jemand den verblichenen Zebrastreifen an der Hafeneinfahrt? Wie oft landet eines der Urlaubergefährte aus Versehen in der Schlange für Genua, obwohl der Fahrer nach Civitavecchia wollte? Passiert das den LKWs auch? Und wer und was lebt nachts am Hafen, wenn es dunkel wird und längst nicht alle Ecken ausgeleuchtet werden? Nach wie vielen Jahren entfernt jemand die Absperrung dort drüben und das Baustellenschild?

Vor zwei Wochen waren wir mit der Fähre aus Civitavecchia auf Sardinien angekommen und hatten den Schiffsbauch wie alle anderen möglichst schnell verlassen: Landratten fühlen sich erst wieder richtig wohl, wenn der Boden unter den Sohlen fest ist. Mit keinem Drängler zusammenfahren, das Navi zum Leben erwecken, die Beschilderungen lesen, den schlimmsten Schlaglöchern im Asphalt ausweichen, nach einer Bäckerei Ausschau halten und frische Luft ins Auto lassen – die ersten Momente auf Sardinien lassen keine Zeit, das Hafenleben zu beobachten, keine Zeit für die Vielfalt an Grautönen, die Tristesse eines großen Hafens.

Am Ende des Urlaubs ist es nicht anders. Kommt man zu spät, dann sucht man hektisch die richtige Fahrspur, um nicht auf einem Seelenverkäufer Richtung Süden zu landen. Kommt man zu früh, dann sucht man eine Bar, um noch einen letzten Espresso zu trinken, mit einem Parkplatz, der in Sichtweite liegt. Oder man ist so früh, dass das 8-Uhr-Schiff noch im Hafen liegt. Vielleicht kann man ja ohne Aufschlag umbuchen und wäre dann bereits früher am Festland. Tausenden orientierungslosen Touristen geht es ähnlich und LKW-Fahrer und Einheimische wissen ihre Gefühle im Zu-spät-zu-früh-Konflikt vermutlich nur besser zu kaschieren.

Unser Ticket haben wir bereits. Wir fahren in Schrittgeschwindigkeit über die Asphaltwüste. Immer dem Vordermann nach, einem Caravan mit zwei Fahrrädern auf dem Gepäckträger, der wiederum auch dem Vordermann nachfährt. Der wiederum hoffentlich auf „unsere" Fähre will.

Plötzlich schert der Caravan nach links aus und fährt einen 180°-Bogen. Urlaubsverlängerung? Oder hatte der Fahrer ein Einsehen und holt die Schwiegermutter doch noch an der Frühstückspension ab und nimmt sie mit nach Hause?

Vor uns ist plötzlich viel freies Hafengelände. Wir sind jetzt die ersten. Wo geht´s hin?

In gelber Warnweste steht ein alter Mann an der Zufahrt. Ein einziger Farbklecks im Grau. Ein kleiner Sarde mit einem Pastabäuchlein und der Körperhaltung eines Patriarchen. Längst Rentner vermutlich. In grauer Bügelfaltenhose, weil ihn die Frau nur ordentlich aus dem Haus gehen lässt und weil sich die Unbilden des Lebens in Italien leichter ertragen lassen, wenn man gut gekleidet ist. Auch die Schuhe sind poliert, wenn auch die Absätze von vielen Kilometern zwischen Wohnung und Arbeitsplatz, Arbeitsplatz und Bar sprechen und von unzähligen im Hafen gestandenen Stunden. Weißes Hemd und die Warnweste, die ihm den offiziellen Charakter geben.

Was wird er uns sagen? Falsch hier! Zu spät! Drei Fahrbahnen nach rechts müsst ihr, habt ihr das denn nicht verstanden! Heute kein Fährbetrieb! Falscher Hafen! Hinten anstellen!

Wir lassen das Auto neben ihm ausrollen. Das Ticket habe ich schon in der Hand. Blickkontakt. Sein strenger Gesichtsausdruck lockert sich etwas. Ein Netz an Lachfalten ist um seine Augen gewebt. Er strahlt mich an. Mit einer Stimme wie Honig sagt er: „Contessa! Buon giorno. Come stai?"

Das Fährticket ist gar nicht mehr wichtig.

Morgenfurz

Wie ein Riese im Tiefschlaf liegt der Ätna vor uns, als wir am Dienstagnachmittag auf der Küstenstraße von Messina nach Taormina auf ihn zu fahren. Ein 3323 Meter hoher Riese, der sich direkt über dem Mittelmeer erhebt. Seinen weißen Hut hat er im Moment weit heruntergezogen. Eine Rauchfahne aus seinem Kraterrand wird vom Nordwestwind ein paar Kilometer aufs Meer hinausgeblasen. Sie verrät, dass der Ätna auch eine etwas wildere Seite hat und er bei guter Laune ein bisschen Vulkan spielt. Aber schlimm kann es nicht sein, die Städte und Dörfer stehen seit Jahrhunderten und Jahrtausenden zu seinen Füßen, in Taormina hat das Theatro Greco schon mehr als 2000 Jahre unbeschadet überstanden, sogar einen G7-Gipfel. Bauernhöfe wachsen die Ätna-Flanken hinauf, Straßen gehen bis auf halbe Höhe und darüber sind im Süden und im Norden Liftgebiete, im Sommer für Wanderer, im Winter für Skifahrer. Letztere haben gerade optimale Bedingungen, soviel ist sicher.

Seit Jahren schon besteht mein Morgenritual zwischen Dezember und April darin, zur ersten Tasse Kaffee nicht nur den bayerischen Lawinenlagebericht zu lesen, sondern auch zwei Webcams anzuklicken und für ein, zwei Augenblicke den Felsturm Rocca Senghi in den Südalpen anzusehen und das Holzgeländer am Parkplatz der Talstation Piano Provenzana am Ätna. Und dann war eben dieses Holzgeländer gestern auf einmal weg. Zugeschüttet von den Schneemassen, die irgendein wild entschlossener, sizilianischer Schneepflugfahrer über den Parkplatz geschoben haben musste und in einem übermannshohen Wall aufgetürmt hatte. Dahinter verlor sich ein makelloses Wintermärchen mit einem gerade noch erkennbaren Skilift in der Ferne. Nach mageren Jahren hatte der Ätna offensichtlich richtig viel Schnee bekommen. Und die nächsten Tage sollte es bitterkalt bleiben, an die 20 Grad minus auf dem Ätnagipfel. Tauwetter war nicht in Sicht.

Die Entscheidung für eine Skitour auf den Ätna fiel in Minuten, gepackt war in einer Stunde und am frühen Abend saßen wir im Auto. So kurzfristig einen Flug und eine Unterkunft zu bekommen, war aussichtslos, zumal mit den Tourenski als Sperrgepäck.

Kurz vor Mitternacht querten wir den Apennin, morgens um vier Uhr legten wir frischen Espresso nach, wunderten uns auf den nächsten knapp 1000 Kilometern über leer gefegte Autobahnen und verließen am frühen Nachmittag die Frachtfähre. Wir waren auf Sizilien angekomen. Eine Stunde später tauchte der gewaltige Vulkankegel erstmals auf: ein gigantischer Schneeberg direkt über dem Meer, der alpine Hintergrund für Landhäuser und Hotels mit blühenden Bougainvillea, Zitronenbäumen und Palmen.

Vorbei an Verkehrsschildern „20 km/h bei Vulkanasche" geht es eine Passstraße hinauf ins

Skigebiet. Ab 1300 Metern ist die Arbeit des Schneepflugs zu erkennen: erst nur zentimeterhohe Schneeboller am Rand der Fahrbahn, dann von Kehre zu Kehre ein höherer Wall, bis wir endlich so viel Schnee sehen, dass wir die Prognose wagen: „Mit Steinski könnte es schon gehen." Natürlich sind scharfkantige, verhältnismäßig frische Lavafelder kein skifahrfreundlicher Untergrund und benötigen solidere Schneelage als Kitzbüheler Grashänge. Aber zwei Serpentinen weiter schließt sich auch Andi meinem optimistischen Urteil an.

Eine letzte Kurve und wir stehen vor dem Schneewall, unter dem der Zaun verborgen ist, an dem ich in den letzten Jahren täglich Kaffee trinke. Wie beim Pawlowschen Hund rieche ich Espressoduft und muss schlucken – wir sind da.

Fast enttäuschend zahm und flach ist am nächsten Morgen der frühmorgendliche Anstieg durchs Skigebiet, nur die eisigen Temperaturen setzen uns zu und die Kombination aus der langen Fahrt nach Sizilien und der Höhe machen die Schritte zunehmend anstrengend. Nach knapp zwei Stunden steigen wir über eine Hangkante hinauf aufs nordseitige Plateau. Das Geräusch der Pistenraupe, die seit Sonnenaufgang das Pistengebiet präpariert, verklingt. Hinter uns liegt eine weite Schneelandschaft mit zig verschneiten Seitenkratern, zwischen denen die Pisten herumführen – kleine Pickel auf der Haut des großen Ätna. Vor uns thront über einer weiten kuppigen Hochfläche der Gipfelkegel. Weit entfernt und in schmutzigem Weiß.

Wir ziehen die warmen Anoraks an und stellen uns in den kalten Nordwind. Er pfeift übers Plateau und trägt Schneekristalle mit. Schnell zieht es zu, Wolkenfetzen sausen über das Weiß, wir gehen nur noch nach Gefühl mit einem gelegentlichen Blick aufs GPS-Gerät. Manchmal stinkt es leicht nach Schwefel.

Unmerklich ist der Hang steiler geworden und der Schnee zu einem Schnee-Vulkanasche-Mix. Längst ziehen wir unsere Spur durch eine dunkelgraue Masse, die unverfestigtem Kunstschnee ähnelt, nur die falsche Farbe hat. Eislamellen und abgeblasene Lavarippen bilden die Korridore für unseren Weg. Auf gut über 3000 Metern gibt es mehr Korridore als Schnee. Wir lassen die Ski zurück und stapfen mit Steigeisen teils über Eisglasur, teils durch Pulverschnee weiter. Der Eiswind ist zum Sturm geworden. Er drückt uns an die Bergflanke, treibt uns zum Kraterrand hinauf. In kurzen Momenten tun sich in den Wolkenlücken Blicke auf. Es ist wie ein Puzzle: mal ein paar Quadratmeter links vorne, mal ein Stück Felsgrat rechts. Dann stehen wir vor einer Verflachung mit weichem Triebschnee. Zuhause würde man eine Gletscherspalte wittern, die schlecht verschneit ist. Wir machen einen Bogen um sie. Wenige Minuten weiter zieht sich eine armlange Spalte durch den Hang. Auch da gehen alle Warnlampen an. Wir halten uns nach links hinauf. Momente später zeigt eine Wolkenlücke, dass wir am Kraterrand stehen und die Spalte den kompakten Teil der Ätnaflanke von einem abbruchbereiten Gesteinspaket trennt, das irgendwann ins Kraterinnere fallen wird. Wer dann auf der falschen

Seite steht, bekommt wirklich warme Füße. Bald geht es nach allen Seiten nur noch bergab, wir müssen also am Gipfel sein oder auf einer Erhebung am Kraterrand. Wolken sausen über uns hinweg, es ist eisig kalt, wir steigen sofort wieder ab.

Erst als wir wieder vor meinem unsichtbaren Frühstücks-Holzzaun stehen, geben die Wolken den Blick auf den Ätna frei. In der Nacht strahlen die Sterne und so ziehen wir auch am nächsten Morgen in der Dämmerung wieder durchs Pistengebiet bergwärts. Ätna, die zweite. Vielleicht mit mehr Sicht. Wieder ist es eisig kalt, aber heute fehlen Wind und Wolken. Nur an ein paar Stellen am Plateau kräuselt graugelber Dampf über der Schneefläche. Mit Sicht auf unser Ziel sind wir schneller unterwegs, finden im Gewirr an Lavarippen und Schneemulden eine direktere Linie zum gestrigen Skidepot.

Kein Wölkchen ist im Himmel, kein anderer Tourengeher unterwegs und auch die Rauchfahne am Kraterrand steigt nach oben. Um das absturzbereite Gesteinspaket oben am Krater machen wir einen Bogen. Überhaupt tragen Kopf und Lunge dort einen eigenen Machtkampf aus. Die Neugier treibt uns so nah an den Rand des Kraters heran wie verantwortbar, die Lunge möchte nur schnell weg aus den beißenden Schwefeldämpfen. Kein Nordwind treibt sie heute auf Meer hinaus, sie wabern mal hierhin, mal dorthin und viel zu oft in unsere Richtung.

Ein dumpfes Grollen ertönt. Es kommt aus dem Inneren des Bergs. Einen Augenblick später zittert der Boden unter unseren Füßen. Eine Dampf- und Aschewolke schießt aus dem Krater und bildet in Sekundenschnelle einen Atompilz. Ein paar hundert Höhenmeter wächst er über den südlichen Teil des Kraters hinauf. Einige Minuten dauert es, bis seine Ränder unscharf werden und er Richtung Meer abzieht.

Auch wenn es nur der Morgenfurz des Ätna war, dann war das Schauspiel doch beeindruckend. Vielleicht spielt der Berg nicht nur ein wenig Vulkan, sondern ist im Wesen noch immer sehr lebendig.

Je mehr Strecke wir im Pulverschnee zwischen den Krater und uns bringen, desto harmloser erscheint uns der Ätna. Unten im Skigebiet beim Kinderskikurs zwischen bunten Hütchen und bei schicken Mafia-SUVs am Parkplatz ist der Atompilz jedenfalls wie eine Erinnerung an eine andere, ferne Welt.

Nach den beiden Aufstiegen von der Nordseite würden wir gerne auch die kürzeren, aber steileren südseitigen Touren sehen. Der Schneepflugfahrer am Großparkplatz an den Südseite hatte aber in den letzten Wochen keinen Dienst. Soweit die Nachmittagswolken den Blick zulassen, sind die Flanken schneefrei. Um den Sizilienschnee, den blauen Himmel und den Meerblick aber morgen nochmals zu nutzen, stehen wir am frühen Abend auf der Nordostseite des Ätna. Ein Kar zieht da zu einem Seitengipfel hinauf, eine schöne Skitour, die morgen das Abenteuer Ätna abrunden soll. Vorher aber sollen Ätna und Sternhimmel noch ein Stimmungsbild geben. Als es dunkel genug ist, stellt Andi das große Stativ auf. Die Schneeflanken wirken dunkelblau, der Nachthimmel fast schwarz und über dem Krater steht eine zart rötlich erscheinende Wolke.

Um die Schärfe zu kontrollieren, zoomt Andi ins erste Bild hinein. Der Kraterrand ist scharf, aber beim Scrollen zum unteren Bildrand stockt er. Mehrmals zoomen wir ins Bild hinein, auch später als wir schon wieder im Auto sitzen, schauen wir uns das Bild noch ein paar Mal in Vergrößerung an, so wie wir auch mit dem längsten Tele noch eine ganze Weile draußen in der kalten Nacht standen. Mitten in der Bergflanke, zwei-, dreihundert Meter unter dem Kraterrand und gar nicht weit von unserer Aufstiegslinie entfernt, klaffen mehrere Löcher im Berg. Hellorange leuchtet dort der Schein der Magma aus dem Inneren des Bergs heraus. Einfach so. Einfach ein großes Loch. Zum Reinschauen, zum Reinfallen. Und als Erinnerung, dass der Ätna eben doch nur ein schlafender Riese ist, der mehr kann als morgens ein wenig furzen.

Dein Bild

„Hello-one-rupee" war die Formel, mit der uns Indien und Nepal seit Wochen in jeden neuen Tag begrüßte. Meist mehrmals. Ob man das Tor der Pension schloss, das Restaurant verließ, aus der Rikscha ausstieg oder aus dem Bus – von allen Sinneseindrücken, die in diesem Augenblick auf mich einstürmten, war das „Hello-one-rupee" am beständigsten und am aufdringlichsten.

Die Variante „Hello-Mister-one-rupee" hieß für mich als Frau, dass ich mich in einer Gegend befand mit kaum Touristen. Die kleinen Betteljungen kannten hier nur die Unisex-Formulierung. An den Grenzen der Zivilisation war ich angekommen, wenn die Begrüßung „Hello-one-paise" lautete, also die Währungseinheit der Bettelkinder bescheidener wurde. Mehr als zwei oder drei Mal hatte ich die kleine indische Münzeinheit überhaupt nicht zu Gesicht bekommen. Vermutlich sind ganze Bettlergenerationen vor den Kopf gestoßen worden, als man in Indien 2011 die 5-, 10-, 20- und 25-Paise-Münzen komplett abschaffte.

Universitätsstädte und Orte mit höheren Schulen zeichneten sich dadurch aus, dass der Satz mit geschliffenem Englisch begann: „Hello. What´s your name?" Die Fragenden wären dann einer Einladung zu einer Limca oder einem Cola auch nicht abgeneigt gewesen, waren aber auch um ein paar Minuten Smalltalk und englischer Konversation froh.

Von den einfachen Betteleien abgesehen bestand die Hohe Schule des Kontaktknüpfens schließlich darin, an der Fremdsprache und ihrem Klang herauszufinden, woher der Tourist kam und auf einer Landkarte im Kopf die Stadt zu benennen, die der Klangfarbe der fremden Sprache am nächsten kam: „Hello. Ich kenne Sie. Sie sind aus München. Da wohnt auch ein Freund von mir." Ein Teppichverkäufer hatte diese Methode so perfektioniert, dass er uns auf diese Weise ins nur fünf Kilometer entfernte Nachbardorf eingeordnet hatte.

Nagarkot ist ein winziger Ort nordöstlich von Kathmandu. Die Reisterrassen schließen hier mit einem kleinen Hügelkamm ab. Bei guter Sicht wird der Blick auf die höchsten Gipfel der Erde frei. Mächtige Eisriesen, die sich in hundert Kilometer Entfernung in den Himmel erheben.

Zweimal war ich in den letzten zehn Jahren in Nagarkot gewesen. Himalayariesen hatte ich nie gesehen, immer nur Wolken über Reisterrassen und die nächste Hügelkette. Aber ich hatte den Fleck doch schätzen gelernt, denn beim ersten Mal hatte ich auf der stundenlangen Anfahrt mit einem Rad ohne Gangschaltung viel Zeit zum Verarbeiten der bisherigen Reiseeindrücke gehabt und beim zweiten Mal waren wir von der Anhöhe zu Fuß über die Terrassen und durch einige Bauernweiler hinabgewandert in die Ebene. Zweimal Schlechtwetter schien mir zudem kein Grund, die Hoffnung auf Bergblick schon aufzugeben.

Es war der letzte Tag vor dem Rückflug nach Indien, als wir früh morgens ein Taxi suchten für die Fahrt nach Nagarkot. An die fünfzehn bis zwanzig Taxifahrer hatten wir bereits verschlissen, als ein junger Neuankömmling als Startpreis einen Betrag nannte, der noch unter unserem Zielpreis lag. Um der Form zu genügen, stiegen wir mit der Hälfte seiner Forderung in die Verhandlungen ein, ließen uns dann aber zügig auf Dreiviertel seines Preises hochhandeln und stiegen ins Auto ein. Vermutlich hat unser Taxifahrer an diesem Tag Lehrgeld gezahlt und gewiss neue Ecken seiner Heimat kennen gelernt. In Nagarkot war er vorher noch nie gewesen. Die Entfernung hatte er unterschätzt. Sobald wir einmal auf der richtigen Ausfallstraße waren, hieß mein Kommando über eine Stunde hinweg: „Immer geradeaus."

Regenwolken hüllten an diesem Tag nur die höheren Berge ein, die Hügelkette von Nagarkot blieb trocken. Trotzdem machte es keinen Sinn dem grauen Gebräu länger zuzusehen. Einen Teil der 7000er und 8000er hatten wir in den vergangenen Wochen gesehen, Nagarkot wäre eine stilvolle Möglichkeit gewesen, ein weiteres Mal „Auf Wiedersehen" zu sagen. Heiße Schokolade in einem der Cafes in Thamel schien nun die bessere Alternative für den Ausklang der Nepalreise.

Entlang von Feldern und über Pfade ging es bergab. Kinder stürmten in Gummistiefeln und barfuß auf uns zu, zwei Mädchen im Grundschulalter kicherten uns ein „Hello" entgegen. „Hello", rief auch der Junge, der aus einem Bauernhaus am Wegrand kam. „Hello. Ich kenne dich."

Obwohl wir kaum dreißig Kilometer von der Hauptstadt entfernt waren, hätte ich mit einem so weltmännischen Gruß nicht gerechnet. War der Pfad inzwischen doch so oft von Trekkern und Travellern begangen, dass die Grußformel der Großstädte bis hierher ins ländliche Gebiet gekommen war?

„Hello. Ich kenne dich", rief der Junge nochmals. Wir hatten Blickkontakt aufgenommen und zurückgegrüßt, waren aber nicht langsamer geworden und setzten unseren Weg fort. Er lief uns nach. „Ich kenne dich." Doch dann besann er sich und drehte ohne ein weiteres Wort um. Keine hundert Meter waren wir gegangen, da hörte ich das Klappern von Sandalen auf dem festen Boden hinter mir. Da war er wieder, der Junge. Außer Atem, mit leuchtenden Augen. „Ich kenne dich", sagte er mit Nachdruck und streckte mir die Hand entgegen. In seiner Hand hielt er ein Bild. Und auf dem Bild erblickte ich mich selbst.

Wie ein Profizauberer ließ er das Bild wirken. Er ließ mir Zeit. Dann sagte er: „Du warst vor ein paar Jahren da. Beim Bruderfest. Und du hast mich fotografiert. Mich und meine drei Brüder, meine Schwestern und meine Eltern. Danach hast du mir die Bilder geschickt. Ich hab sie noch alle. Komm mit." Ich betrachtete das Bild. Der Junge, der dort neben mir stand, war um ein paar Jahre jünger, aber er hatte dieselben neugierigen Augen wie der Junge neben mir. Und er hatte Recht, tatsächlich war mein letzter Besuch in Nagarkot am Tag des Bruderfests gewesen.

Diwali heißen die Festtage, die in Nepal und Nordindien im Herbst gefeiert werden. Fünf Tage lang standen die Nepali in Kathmandu Kopf. Am ersten Tag – so hatte man uns erklärt – wurden die Krähen als Boten des Todes verehrt, am zweiten Tag ehrte man Hunde. Kein noch so räudiger Straßenköter, der nicht mit vollem Magen und orange-leuchtender Blumengirlande an diesem Abend auf der Straße geschlafen hätte. Der dritte Tag galt als letzter Tag des alten Jahres. Die Hauseingänge wurden geputzt, frisch mit brauner Farbe gestrichen, mit Mandalas und Blütenblättern geschmückt und bei Einbruch der Dämmerung verwandelte sich die Stadt in ein Meer aus brennenden Kerzen und Butterlampen. In Kathmandu, wo in dieser Zeit abends die Stromversorgung noch regelmäßig zusammenbrach, ein wunderbar romantischer Abend. Der Schmuck und die Beleuchtung der Häuser sollten Laxmi anlocken, die Göttin des Wohlstands und des Glücks.

Tag vier war der Neujahrstag. Wer den Beginn des Fests ausgelassen hatte, holte spätestens heute alles nach. Süßigkeiten und Schmalzgebäck in allen Farben häuften sich bei den Straßenhändlern zu Bergen, so hoch wie die Himalayariesen.

Der fünfte und letzte Tag war den Brüdern gewidmet. Die Schwester beschenkte zu diesem Anlass den Bruder mit Obst, Süßigkeiten und Geld.

Anschließend wurde geteilt und jeder bekam etwas ab. Dieser Tag war es gewesen, als ich mit meinen Eltern von Nagarkot ins Tal gewandert war und dabei von dem Jungen eingeladen worden war, am Fest teilzunehmen.

Teils würdevoll-feierlich, teils unter Kichern hatten sich die vier Buben von ihren fünf Schwestern mit Nüssen füttern lassen, sich die Stirn und die Ohren mit Öl einreiben lassen und sich einen Korbteller mit Obst und Süßigkeiten schenken lassen. Danach wurde gekichert, genascht, vom Teller der anderen probiert und auch für Fotos posiert. Fotos, die ich jetzt in Händen hielt. Wir bekommen ein Update für jedes Familienmitglied und erzählen unsererseits von den Wochen in Nepal. „Heute gehen wir hinab zur Bushaltestelle, fahren mit dem Bus zurück nach Kathmandu und morgen geht bereits unser Flug nach Delhi."

Ich kann mich erinnern, dass die Wartezeit auf den Bus beim letzten Mal sehr lang war und frage nach. Sicher müssen ja auch er und seine Geschwister mit dem lokalen Bus fahren, wenn sie in den nächsten Ort wollen.

„Ja, ja, in eineinhalb Stunden geht ein Bus. In drei Stunden nochmal. Und dann später am Abend." „Und die Haltestelle war dort, wo die Asphaltstraße, die von rechts den Berg herunterkommt, in die große Nagarkotstraße einmündet?" „Ja. Jaja. Genau da." Ich formuliere meine Frage nochmal um, weil ein „jaja" die übliche asiatische Antwort ist, auch dann, wenn man nichts verstanden hat oder nichts zum Thema weiß, aber höflich sein will.

„Ja, genau. Mein Bruder geht mit euch, er muss sowieso noch runter." Der Bruder ist noch ein Knirps, er muss der jüngste aus der Geschwisterschar sein. Trotzdem kann er ein wenig Englisch. Mit einem Beutel über der Schulter pest er bald vor uns her die Pfade hinab zur Bushaltestelle. Ein schüchterner Bub. Die Unterhaltung kommt nicht recht in Gang. Immerhin erzählt er uns vom Zirkus in Bhaktapur. Ah, das ist also sein Ziel. Na, da hat der Knirps ja heute noch ein tolles Programm.

Nach einer Stunde treffen wir auf die Asphaltstraße und finden auch die Bushaltestelle. Nochmals frage ich nach: „Gehst du jetzt wieder nach Hause? Oder ist der Zirkus heute?" „Ja, der Zirkus."

Er wartet mit uns gemeinsam auf den nächsten Bus. Das scheint plausibel, denn das Städtchen Bhaktapur liegt auf der Strecke nach Kathmandu. Langsam beginnt es zu dämmern, der Bus kommt, wir quetschen uns hinein und los geht es. Eingeklemmt zwischen Schuljungen in Uniform, Müttern mit Säuglingen und vielen jungen Männern schaukelt der Bus über die Landstraße. Draußen wird es Nacht. Unser Begleiter wird immer mehr von uns abgedrängt. Allmählich wird die Besiedlung dichter, auch der Straßenverkehr nimmt zu. Wir nähern uns der Hauptstadt. „Der weiß schon, wo er aussteigen muss?" Aber wir könnten ja selbst nicht sagen, wo die richtige Haltestelle ist.

Nach zwei Stunden Busfahrt hält der Bus in Thamel im nördlichen Teil von Kathmandu. Besorgt fragen wir den Buben, wo er denn jetzt hin muss. Eine Träne kullert ihm über die Wange.

„Weiß nicht."

„Wolltest du nicht zum Zirkus?"

„Nein."

„Wie kommst du nach Hause?"

„Weiß nicht."

Den letzten Abend in Kathmandu verbringen wir damit, für Weißnicht ein Zimmer zu finden, essen zu gehen und an der Rezeption einen guten Geist bei allem, was ihm lieb ist, versprechen zu lassen, Weißnicht morgen in der ersten Bus nach Hause zu setzen.

Sackgasse

In der Bungalow-Siedlung von Giant's Castle ist es noch still. Mitte Mai, also im Spätherbst, ist ohnehin nicht Saison und kurz nach Sonnenaufgang liegen die wenigen Gäste noch im Bett. Selbst wenn außer uns bereits jemand aufgestanden wäre, würde man ihn nicht hören oder sehen, denn die Bungalows sind nur auf verschlungenen Fußwegen erreichbar, völlig eingewachsen und wenn man nicht jedes der grasgedeckten Holzhäuschen mit einer anderen Partei teilen würde, könnte man meinen, man wäre völlig allein auf der Welt. Von einem Handtuch über einem der Stühle auf der Terrasse abgesehen, war auch am zweiten Tag von unseren Bungalownachbarn nichts zu sehen gewesen.

Die Giant's Castle Lodge in den südafrikanischen Drakensbergen ist einer der wenigen Ausgangspunkte im Nationalpark, der nur eine Lodge als Übernachtung bietet und nicht auch einen Campingplatz. Da das imposante Giant's Castle mit seinem Felsabbruch und seinen langen Höhenrücken bei den einheimischen Bergsteigern in den Drakensbergen Kultstatus hat und wir den Gipfel in jedem Fall versuchen wollten, hatte es zur Übernachtung in einem der Bungalows keine Alternative gegeben.

Der Wetterbericht des norwegischen Yr-Instituts, der gestern an der Rezeption der Giant's Castle Lodge aushing, hatte für heute Nachmittag Sonne angekündigt, so dass wir ausschlafen und erst bei Sonnenaufgang aufstehen, Kaffee kochen und auf der Terrasse fürs Frühstück decken wollten.

Zehn Quadratmeter Nagelscherrasen verlieren sich vor unserer Terrasse sofort in dunkelgrünen Proteasträuchern, mannshohem Schilf und einem „redhotfirepoker", einer blühenden Zierpflanze mit hohen rot-gelben Rispen. Ein fließender Übergang von gepflegtem Minipark zu scheinbar ursprünglichem Urwald. Am Tag zuvor war ich dem Trampelpfad hinter dem ersten Schilf ein paar Meter gefolgt, um zu sehen, wie weit der nächste Bungalow entfernt wäre. Tatsächlich aber war ich nach wenigen Schritten an einer steil abfallenden Klippe gestanden, die von dornigem Gestrüpp bewachsen war. Statt des Abschneiders zu Nachbars Garten war ich in der Sackgasse gelandet und hatte viel mehr „Urwald" gesehen, als ich das auf dem Lodgegelände vermutet hätte.

Während über dem weit entfernten Gebirgskamm letzte Nebelfetzen abziehen, müssen drinnen Espresso und Milch jeden Moment fertig sein. Andi will sie mit heraus bringen, ich sitze schon und lasse die Stille auf mich wirken.

Und still bleibt es. Ohne ein Geräusch, ohne Surren eines Grashalms oder eines Schilfblatts kommt von Nachbars Rasen ein Luchs. Er setzt seine breiten, soften Pfoten auf den Nagelscherrasen, die Ohren mit den charakteristischen Haarbüscheln aufgestellt. Ein aufmerksamer Jäger, selbstbewusst, mit raschen Schritten, aber ohne Eile. Fast beiläufig wendet er den Kopf, er schaut mir in die Augen. Meine Anwesenheit scheint ihn nicht zu stören, er wird keinen Schritt schneller und keinen langsamer. Mit flüssigen Bewegungen überquert er unser kleines Rasenstück und biegt auf den Trampelpfad ein, der am Schilf vorbei zur Klippe führt und in meine Sackgasse. Das Rostrot seines Pelzes verschmilzt mit dem herbstlichen Schilf und einen Augenblick später ist auch sein Hinterteil mit dem Stummelschwanz zwischen den Sträuchern verschwunden.

Ein paar Momente später höre ich drinnen in der Küche das Fauchen der Espressomaschine und beginne wieder zu atmen.